はじめに

　聞くところによると、ベップス・プロジェクトによる国際的合意により、令和5年度の税制改正により「グローバル・ミニマム課税」のうち所得合算ルールが法制化され、今年（令和6年）の4月以降に開始する対象会計年度から適用が開始されるらしい……。

　……何か準備しないといけないのかな？

　でも、「ベップス・プロジェクト」、「グローバル・ミニマム課税」っていわれても、何のことか分からないし、パンフレットや解説本を見ても専門的な用語がいっぱいですごく難しいし、どう対処したらいいか困っているんだけど……。

　……といった方が多いのではないでしょうか？

　こんな方々のために、令和5年度の税制改正で法制化された所得合算ルール、具体的には、法人税法で規定された「各対象会計年度の国際最低課税額に対する法人税」を、ザックリと理解していただくための参考として本書を執筆しました。

　そもそも、「グローバル・ミニマム課税」の対象となるのは、一定以上の規模の企業グループですから、ザックリと制度を理解していただければ、自社への影響の有無を判断していただけるかと思います。

　仮に、「自社に影響がありそう」だから、制度を詳細に理解したい方であっても、本書でザックリと理解していただいた上で、法令や他の文献を読んでいただければ理解が深まると思いますので、ご活用いただければ幸いです。

令和6年3月

税理士　東辻淳次

ザックリ分かる

グローバル・ミニマム課税

各対象会計年度の国際最低課税額に対する法人税

税理士 東辻 淳次 著

令和6年
4月施行

清文社

目 次

III　特定基準法人税額に対する地方法人税

IV　情報提供制度

Ⅴ　参考資料 91

Ⅵ　参考法令 103

【凡例】

　法令等に関する略語については、次のとおりです。

法法	……………………	法人税法
法令	……………………	法人税法施行令
法規	……………………	法人税法施行規則
令和5年改正法附則	……	所得税法等の一部を改正する法律
		（令和5年法律第3号）の附則
措法	……………………	租税特別措置法

※本書の内容は、令和6年3月15日現在の法令等によります。

〔本書の構成や活用方法について〕

　本書は、我が国の所得合算ルール（各事業年度の国際最低課税額に対する法人税）をザックリ理解していただくため、本文で制度の概要を説明していきます。

　ただし、本文の説明だけでは物足りないという人に向けた「🖼 もうちょっと知りたい方へ」や、項目ごとにポイントをまとめた「🌐 ザックリポイント」を記載しています。

　また、「🌐 ザックリポイント」については、「Ⅴ　参考資料」の「❷　ザックリポイント（まとめ）」において、それまでに記載した「🌐 ザックリポイント」をまとめて記載しています。

　ある程度、本制度について予備知識がある方は、本文から読んでいただければと考えます。

　その一方で、予備知識が全くない方など、これから本制度を理解しようとされる方の場合には、まず、「Ⅴ　参考資料」の「❷　ザックリポイント（まとめ）」を読んでいただき、本制度に係る全体像をイメージとしてつかんでいただいた上で、本文を読んでいただくと、理解が進みやすいと思います。

I

令和5年度改正までの経緯等

1 ベップス・プロジェクトとか、グローバル・ミニマム課税って？

　近年のグローバルなビジネスモデルの構造変化により、多国籍の活動実態と各国の税制や国際課税ルールとのズレを利用することで、多国籍企業がその課税所得を人為的に操作し、課税逃れを行っているという問題が生じています。

　具体的には、インターネットを介したデジタル取引などは、市場国（売上先の所在地）に物理的拠点（支店・営業所など）を置く必要性が低くなっており、現在の国際課税原則では物理的拠点がないと市場国で課税できないといった問題、低い税率や優遇税制によって外国企業を誘致することにより企業間の公平な競争条件を阻害するという問題などのことです。

　このような問題は、「Base Erosion and Profit Shifting」（税源浸食と利益移転の問題）」といわれており、この頭文字を並べると「ＢＥＰＳ」（ベップス）となります。

　このＢＥＰＳを解消すべく、国際的な検討を行うため、パリに本部を置くＯＥＣＤ（経済協力開発機構）が2012年（平成24年）に立ち上げたのが「ＢＥＰＳプロジェクト」であり、Ｇ20（財務大臣・中央銀行総裁会議）の要請に沿って議論が行われてきました。

　その議論を踏まえ、2022年（令和4年）10月に、ＯＥＣＤ／Ｇ20「ＢＥＰＳ包摂的枠組み」という国際的な合意がまとめられました。

　この国際合意は、「市場国への新たな課税権の配分」（第1の柱）と「グローバル・ミニマム課税」（第2の柱）の2つの柱からなっており、さらに第2の柱は「①所得合算ルール（ＩＩＲ：Income Inclusion Rule）」、「②軽課税所得ルール（ＵＴＰＲ：Undertaxed Profits Rule）」、「③国内ミニマム課税（ＱＤＭＴＴ：Qualified Domestic Minimum Top-up Tax）」の3つに細分化されています。

　このうち、令和５年度の税制改正は、上記の包摂的枠組みに基づく第一弾として、第２の柱のうち「①所得合算ルール」を、「各対象会計年度の国際最低課税額に対する法人税」として法制化したものです。

　なお、今後の国際的な議論を踏まえ、第１の柱（市場国への新たな課税権の配分）については、租税条約が締結され、第２の柱の②（軽課税所得ルール）及び③（国内ミニマム課税）は、令和６年度税制改正以降の法制化が検討されていくこととなるようです。

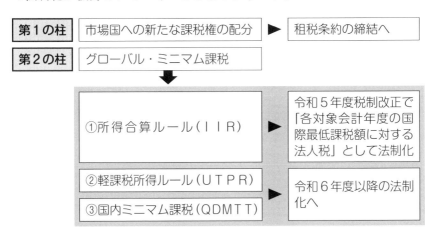

| 第１の柱 | 市場国への新たな課税権の配分 | ▶ | 租税条約の締結へ |
| 第２の柱 | グローバル・ミニマム課税 | | |

①所得合算ルール（ＩＩＲ）	▶	令和５年度税制改正で「各対象会計年度の国際最低課税額に対する法人税」として法制化
②軽課税所得ルール（ＵＴＰＲ）	▶	令和６年度以降の法制化へ
③国内ミニマム課税（ＱＤＭＴＴ）		

　なお、この２本の柱の合意については、令和５年度税制改正の解説（財務省）において、「100年来積み上げられてきた国際課税原則を、経済社会の変化に対応する形で大幅に見直すものであり、税という国家主権に密接に関連するアジェンダにおいて先進国・途上国を含む約140カ国・地域による世界規模での協調が図られることの意義は極めて大きいものと考えられます。」としています。

:::
※　国際的な合意のうち、第１の柱及び第２の柱（所得合算ルールは除きます。）については、７ページの「🖥️ もうちょっと知りたい方へ⑴」において、もう少し詳しく説明しますので、必要に応じて参照してください。
:::

次の「**2　所得合算ルールって？**」では、所得合算ルールの概要を、できるだけ分かりやすく説明していきます。

ザックリポイント1

所得合算ルール導入の経緯

- 　経済の変化や各国の課税ルールのズレなどにより生じた国際課税上の問題を解消するため、ＯＥＣＤがＢＥＰＳプロジェクトを立ち上げ。

- 　このＢＥＰＳプロジェクトによる国際的な検討により、2022年10月にＯＥＣＤ／Ｇ20「ＢＥＰＳ 包摂的枠組み」という国際的な合意がまとめられた。

- 　この国際的な合意は、第１の柱（市場国への新たな課税権の配分）と第２の柱（グローバルミニマム課税）の２つの柱からなっている。

- 　さらに、第２の柱は「所得合算ルール（ＩＩＲ）」「軽課税所得ルール」（ＵＴＰＲ）と「国内ミニマム課税」（ＱＤＭＴＴ）に分かれている。

- 　令和５年度の税制改正では、第２の柱のうち「所得合算ルール」が法制化された。

- 　今後、第１の柱については租税条約が締結され、第２の柱のうち「軽課税所得ルール」と「国内ミニマム課税」が法制化される予定となっている。

2 所得合算ルール（ⅠⅠR）って？

　所得合算ルールとは、例えば、日本の法人（親会社）が子会社を税率の低い外国（軽課税国）に設立した場合において、その子会社の所得に対する軽課税国における税負担の割合が基準割合（15％）に満たないときに、満たない部分に対し日本の税務当局が親会社へ上乗せ課税をするものです。

　ザックリ説明すると、例えば、外国（軽課税国）にある子会社の所得に対する税負担の割合が7％である場合、日本の税務署が、親会社に対し子会社所得の8％相当（15％－7％）の上乗せ課税を行うというものです。

　なお、軽課税国に存在するのが、軽課税国で設立した企業（子会社）でなく、支店や工場など（恒久的施設）であったとしても、この所得合算ルールが適用されます。

　上記では、所得合算ルールの対象となる企業グループを、簡便的に親会社・子会社の2者として説明しましたが、法人税法上の「各対象会計年度の国際最低課税額に対する法人税」（法人税法第82条～第82条の10）では、対象となる企業グループを「特定多国籍企業グループ等」として詳細に規定されています。

　また、所得合算ルールという名称から、その課税標準を子会社の所得のように考えてしまいそうですが、これについても、法人税法上は、基準税率（15％）に満たない部分（不足税額）を基礎として課税標準を計算するよう詳細に規定しています。

　これらについても、次項目以降で、できるだけ分かりやすく説明していきます。

　なお、上記では、軽課税国の支店や工場など（恒久的施設）も所得合

算ルールの対象であることを説明しましたが、説明を簡便にするため、親会社が日本企業であり、軽課税国に子会社が存在する場合を前提として説明していきます。

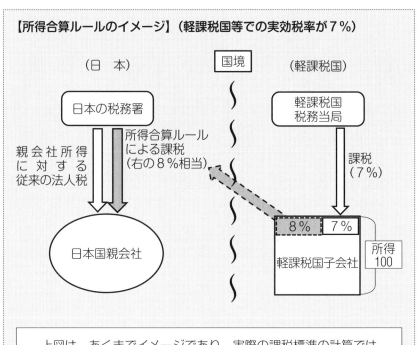

【所得合算ルールのイメージ】（軽課税国等での実効税率が７％）

（日　本）　　　　国境　　　（軽課税国）

日本の税務署　　　　　　　　軽課税国税務当局

親会社所得に対する従来の法人税　　所得合算ルールによる課税（右の８％相当）　　　　課税（７％）

日本国親会社

軽課税国子会社　　８％　７％　所得100

上図は、あくまでイメージであり、実際の課税標準の計算では、給与の支給額などによる調整を行うため、軽課税国子会社の所得の８％相当額がそのまま日本国親会社に課税されるのではありません。

もうちょっと知りたい方へ⑴

　本書では、国際的合意のうち、「所得合算ルール」について説明していきますが、第１の柱や第２の柱(所得合算ルールを除きます。)については、「令和５年度 税制改正の解説」(財務省主税局作成)において、以下のように説明されています。

○　**第１の柱（市場国への新たな課税権の配分）**

　「第１の柱」である市場国への新たな課税権の配分は、売上高200億ユーロ超、利益率10％超の大規模・高利益水準の多国籍企業グループを対象に、利益率10％を超える残余利益の25％を、市場国に新たな課税権として配分する仕組みであり、市場国に支店等の恒久的施設（ＰＥ：Permanent Establishment）を置かずにビジネスを行う企業が増加する中で、ＰＥがある場合にのみ、そのＰＥの事業から生じた所得へ課税できるとする既存の国際課税ルール（「ＰＥなければ課税なし」）では、市場国において課税を行うことができないという問題が顕在化していることへの対応策と位置付けられているものです。

○　**第２の柱（所得合算ルールを除きます。）**

　〔軽課税所得ルール（ＵＴＰＲ）〕

　国際的な活動を行う企業グループ（ＭＮＥ（：Multinational Enterprises）グループ）の親会社等の所在地国における実効税率が最低税率を下回る場合に、子会社等の所在地国でその税負担が最低税率相当に至るまで課税する仕組みです。例えば、我が国に子会社等が、軽課税国に親会社等が所在する場合、我が国においてその子会社等に対して、その親会社等の税負担が最低税率に至るまで課税が行われます。

　制度上、軽課税所得ルールは、所得合算ルールのもとで課税が

行われない限定的な状況においてのみ適用されることが想定されています。仮に所得合算ルールのみで制度が構成されている場合、例えば、本来所得合算ルールの課税を受けるべき親会社等を軽課税国に移転する一方、軽課税国に所在する子会社等をもともと親会社等が所在していた国に移転することで所得合算ルールの課税を回避する行動が想定されます。これに対して、子会社等の所在地国において軽課税所得ルールによる課税が行われれば、最低税率による課税は確保されることになります。したがって、そうした意味において、軽課税所得ルールは所得合算ルールによる課税を補完する機能を果たすこととなります。

〔国内ミニマム課税（QDMTT）〕

　国際的な活動を行う企業グループ（（MNE）グループ）に属する会社等について、その所在地国における実効税率が最低税率を下回る場合に、その所在地国においてその会社等に対して、その税負担が最低税率に至るまで課税する仕組みです。国内ミニマム課税によって最低税率相当まで課税が行われた場合には、その税額を他国からの所得合算ルールや軽課税所得ルールの課税上で計算された税額から控除することが認められます。したがって、国内ミニマム課税は、他国の所得合算ルールや軽課税所得ルールの課税について生じるべき税額を減殺する点において、他国の所得合算ルールや軽課税所得ルールの課税から自国に所在する会社等を防衛する機能を持つものといえます。

> 　第2の柱は、①IIR（所得合算ルール）、②軽課税所得ルール（UTPR）、そして③国内ミニマム課税（QDMTT）からなっていますが、それぞれの制度が次のとおり補完し合う関係となっており、3つの制度が導入されて初めて完成するものです。

① 所得合算ルール（ＩＩＲ）

　親会社等が日本にあり、子会社等が税率の低い国（軽課税国）にあるような場合に、日本の税務当局が子会社等の税金負担不足相当額（税率15％に満たない部分）を親会社等に課税する。

② 軽課税所得ルール（ＵＴＰＲ）

　所得合算ルールの適用を避けるために、日本に子会社等があり、軽課税国に親会社等があるような場合に、日本の税務当局が親会社等の税金負担不足相当額を子会社等に課税する。

③ 国内ミニマム課税（ＱＤＭＴＴ）

　所得合算ルールや軽課税所得ルールを受けないよう、軽課税国の税務当局が軽課税国内の会社等に対して税金負担不足相当額を子会社等に課税する。

ザックリポイント２

所得合算ルールとは

- 所得合算ルールという名称であるが、実際に外国子会社の所得を親会社に合算する制度ではない。
- 所得合算ルールとは、軽課税国における子会社（又は支店等）の税負担割合が15％に満たない場合に、その満たない部分を日本の親会社に対して上乗せ課税するもの。
- したがって、軽課税国に子会社や支店等（恒久的施設）がない場合、所得合算ルールの適用はない。

II

我が国の所得合算ルール
（各対象会計年度の国際最低課税額に対する法人税）

ここでは、我が国の所得合算ルールについて説明していきます。

　「我が国の」と限定していますが、この所得合算ルールは、ＯＥＣＤ／Ｇ20「ＢＥＰＳ包摂的枠組み」という国際的な合意に沿って法制化されたものです。

　したがって、多数の国々において同様の制度が導入されることになりますが、本書では、我が国の法人税法に定められた所得合算ルールについて説明していくということです。

　まず、納税義務については、通常の法人税（各事業年度の所得に対する法人税）とは別に、特定多国籍企業グループ等に属する内国法人に、各対象会計年度の国際最低課税額について、法人税を課すこととされています（法法６の２）。

　いきなり、「特定多国籍企業グループ等」や「国際最低課税額」といった聞き慣れない用語が出てきましたが、以下において、ゆっくり説明していきます。

　なお、冒頭申し上げましたとおり、本書の目的は読者の方々に、この「各対象会計年度の国際最低課税額に対する法人税」をザックリと理解していただくことなので、正確性に欠ける点もあろうかと思いますが、重要と考えられる関係法令は、「Ⅵ　参考法令」（抜すい）に掲載していますので、必要に応じて参照して確認してください。

　それでは、まず、「特定多国籍企業グループ等」の説明からスタートしていきます。

❶ 本制度の適用対象は？（特定多国籍企業グループ等）

イ　納税義務者

　我が国の所得合算ルール、すなわち、「各対象会計年度の国際最低課税額に対する法人税」（以下「本制度」といいます。）においては、前述のとおり、「特定多国籍企業グループ等に属する内国法人」に対して法人税を課すこととしています（法法6の2）。

　また、法人税の納税義務者として、「内国法人は、この法律により法人税を納める義務がある。」（法法4①）とされています。

　このような規定とされているので、仮に特定多国籍グループ等に複数の内国法人が属している場合には、それらの内国法人が納税義務を果たすことになります。

　その一方で、本制度は、前述のとおり、日本企業が外国子会社を有するときに適用される可能性のあるものですから、上記の内国法人は、通常、グループの親会社ということになるでしょう。

　このグループの親会社という概念は、本制度においては、「最終親会社」（※）と定義されており、その最終親会社という存在は、子会社の支配持分を有する一方で、他の会社に支配持分を持たれない存在、つまり企業グループのトップというイメージです（法法82二イ）。

> ※　「最終親会社」のほか、本制度においては登場人物（企業等）がたくさんいますので、18ページの「　もうちょっと知りたい方へ(2)」において、少し詳しく登場人物（企業等）を説明しますので、必要に応じて参照してください。

13

ただし、最終親会社という用語も聞き慣れないし、他の内国法人が納税義務者となることがあるかもしれないといったことを織り込んでいくと複雑になるので、本書では、単に「親会社」として、できるだけシンプルな説明を進めていきます。

□　特定多国籍企業グループ等

　次は、本制度の対象となる「特定多国籍企業グループ等」とはどのようなグループなのかを説明していきます。

　この特定多国籍企業グループ等とは、多国籍企業グループ等（下記(1)参照）のうち、その多国籍企業グループ等の過去の総収入金額が一定の金額以上のグループ（下記(2)参照）を満たすもの等をいいます（法法82四）。

(1)　多国籍企業グループ等

　多国籍企業グループ等とは、企業グループ等に属する会社等の所在地国が2以上ある場合のその企業グループ等などをいいます（法法82三）。

イ　企業グループ等とは？

　また、「企業グループ等」とは、親会社の連結等財務諸表に財産又は損益の状況が連結して記載される企業集団（重要性が乏しいとして連結の範囲から除かれる法人なども含みます。）などをいいます（法法82二、法令155の4①、法規38の5）。

　なお、連結等財務諸表とは、国際的に共通した会計処理の基準又は親会社の所在地国で一般に公正妥当な会計処理の基準に従って企業集団の財産及び損益の状況を連結して記載した計算書類などをいいます（法法82一、法規38の4）。

　このため、親会社が日本の企業であることを前提として、日本の公正妥当な会計処理の基準である「連結財務諸表に関する会計基準」（企業会計基準委員会）に基づいて説明していきます。

　この連結財務諸表に関する会計基準（以下「会計基準」といいます。）

では、「親会社は、原則としてすべての子会社を連結の範囲に含める。」(会計基準13) とされています。

この「子会社」とは、議決権の過半数などを親会社に保有されている、つまり親会社に支配されている企業をいいます (会計基準 6)。

> ※　会計基準における「連結の範囲」については、21ページの「もうちょっと知りたい方へ(3)」において、もう少し詳しく説明しますので、必要に応じて参照してください。

したがって、原則的には、子会社が 1 社でもあれば、親会社と子会社で企業グループ等を構成することになります。

また、我が国の企業が外国に子会社を有していない場合であっても、外国に恒久的施設等を有している場合には、企業グループ等に該当します (法法82二ロ)。

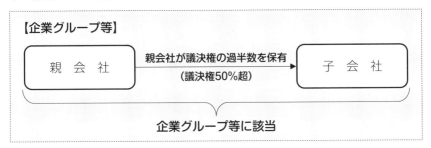

なお、以下においては、企業グループ等の親会社を単に「親会社」とし、企業グループ等の子会社 (恒久的施設等を含みます。) を単に「子会社」とし、これら企業グループ等の構成員である親会社及び子会社を「構成会社等」(法法82十三) として説明します。

> ※　どのような事業体が構成会社等になり得るかにつき、恒久的施設等を含め、22ページの「もうちょっと知りたい方へ(4)」において、もう少し説明しますので、必要に応じて参照してください。

□　多国籍企業グループ等とは？

　そして、「多国籍企業グループ等」の説明に移りますと、法人税法上は「企業グループ等に属する会社等の所在地国が二以上ある場合の当該企業グループ等」（法法82三）とされています。

　ザックリいえば、企業グループ等の親会社が我が国の企業（以下「日本国親会社」といいます。）である場合、その子会社のうちに、外国を所在地国とするもの（以下「外国子会社といいます。」）が１社でも存在する場合には、「企業グループ等に属する会社等の所在地国が二以上ある場合」に該当することになり、この企業グループは、多国籍企業グループ等に該当することになるということです。

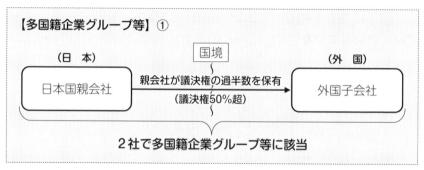

　なお、上図では日本国親会社と外国子会社の２社で多国籍企業グループ等に該当する場合を記載していますが、この２社のほかに我が国を所在地国とするもの（以下「日本国子会社といいます。」）がある場合には、その日本国子会社を含めて多国籍企業グループの構成会社等になります（外国子会社が多数存在する場合も同様にそれらを含めた連結対象の法人全てが多国籍企業グループ等の構成会社等となります。）。

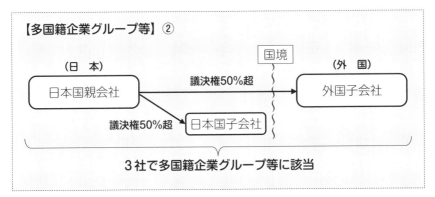

　また、会計基準で、連結財務諸表の作成義務が課せられているのは、資本金が５億円以上といった大企業となりますが、この多国籍企業グループ等に該当するかどうかを判定するに当たっては、実際には連結財務諸表を作成していない場合であっても、仮に作成するとしたならば連結対象となる子会社（議決権50％超の子会社など）を含めて判定することとなるので、親会社が連結財務諸表の作成を義務づけられていなくても、多国籍企業グループ等に該当する可能性があります（法法82一、二）。

　なお、この「仮に作成するのであれば連結対象となる子会社など」を含めて連結した財務諸表と会計基準の連結財務諸表とを合わせ、本制度では「連結等財務諸表」といい、この連結等財務諸表を作成する期間を「対象会計年度」といいます（法法82一、15の２）。

　なお、対象会計年度は１年で、親会社の会計期間（３月決算なら４月１日から翌年３月31日まで）となり、異なる決算月の子会社は親会社の会計期間に併せ合理的な決算を行い、連結等財務諸表に反映する必要があります。

もうちょっと知りたい方へ(2)

○登場人物（企業等）

　本制度では、最終親会社をはじめとして、登場人物（企業やグループなど）が多数存在し、それぞれ定義付けされています。レアなキャラクターもいるため本書での説明に全て登場するわけではありませんが、このような登場人物（企業等）が本制度に関係しているということを頭の片隅においていただけたらと考え、以下で簡単に説明します。

A　会社等　会社、組合その他これらに準ずる事業体をいい、外国におけるこれらに相当するものを含む（法法82一ハ）。

B　最終親会社　他の会社等の支配持分を有する会社等で、他の会社等にその支配持分を持たれないもの（法法82二イ）。

C　企業グループ等　次のようなグループをいう（法法82二）。

　i　最終親会社の連結等財務諸表などで連結するような会社等で構成するグループ

　ii　iのグループに属さず、会社等とその所在地国が異なる恒久的施設等で構成するグループ

D　多国籍企業グループ等　Cのiグループのうちそのグループに属する会社等の所在地国が2以上のグループとCのiiグループをいう（法法82三）。

E　導管会社等　会社等における収入等（収入、支出、利益、損失）の全てが、その会社等の構成員の収入として取り扱われる、いわゆるパススルーのようなもの（法法82五）。

F　恒久的施設等　会社等の事業を外国（会社等の所在地国以外の国又は地域）で行う場所で、次のような場所をいう（法法82六）。

　i　その外国との租税条約がある場合において、その租税条約に

より外国の恒久的施設（これに相当するものを含む。）として
取り扱われる場所

ⅱ　租税条約がない場合において、そこから生ずる所得に対して
外国が租税を課すこととなる場所

ⅲ　その外国において法人の所得に対して課される税金がない場
合に、法人が事業を行う一定の場所

G　最終親会社等　上記Bの最終親会社と、最終親会社ではないも
ののその会社の所在地以外の所在地（外国）に恒久的施設等を有
するもの（法法82十）。

H　中間親会社等　他の会社等の支配持分を有しており、かつ、最
終親会社等に支配持分を持たれるもの（法法82十一）。

I　被部分保有親会社等　多国籍企業グループに属している最終親
会社以外の会社等で、グループ内の他の会社等の持分を有し、か
つ、グループ外の者に所有持分等の20％超を持たれているもの（法
法82十二）。

J　構成会社等　Cⅰ又はCⅱのグループに属する会社等とその恒
久的施設等（法法82十三）。

K　除外会社等　構成会社等から除かれる政府関係会社など（法法
82十四）。

L　共同支配会社等　次の会社等をいう（法法82十五）。

ⅰ　最終親会社等が作成する連結等財務諸表において持分法によ
り連結等財務諸表に金額が反映される（又は反映されること
なる）会社等で、最終親会社等が持分に応じて受けることがで
きる金額が50％以上のもの

ⅱ　ⅰの会社等の連結等財務諸表において連結される（又は連結
されることとなる）会社等

ⅲ　ⅰ及びⅱの恒久的施設等

M　各種投資会社等　投資会社等及び不動産投資会社等とその子会

社並びに保険投資会社等（法法82十六）。

N　無国籍会社等　会社等又は恒久的施設等のうち所在地国がない
　　もの（法法82十七）。

O　無国籍構成会社等　構成会社等のうち無国籍会社等に該当する
　　もの（法法82十八）。

P　被少数保有構成会社等　構成会社等のうち、最終親会社等が持
　　分に応じて受けることができる金額が30％以下のもの（法法82
　　十九）。

Q　被少数保有親構成会社等　他の被少数保有構成会社等の支配持
　　分を有する被少数保有構成会社等（法法82二十）。

R　被少数保有子構成会社等　被少数保有親構成会社等が支配持分
　　を有する被少数保有構成会社等（法法82二十一）。

S　無国籍共同支配会社等　共同支配会社等のうち無国籍会社等に
　　該当するもの（法法82二十二）。

T　被少数保有共同支配会社等　Lⅱ及びLⅲの共同支配会社等の
　　うち、Lⅰの共同支配会社がその有する持分に応じて受けること
　　ができる金額が30％以下のもの（法法82二十三）。

U　被少数保有親共同支配会社等　他の被少数保有共同支配会社等
　　の支配持分を有する被少数保有共同支配会社等（法法82二十四）。

V　被少数保有子共同支配会社等　被少数保有親共同支配会社等に
　　支配持分を持たれる被少数保有共同支配会社等（法法82二十五）。

　登場人物（企業等）やグループがたくさんで驚かれたかもしれ
ませんが、あくまで「もうちょっと知りたい方へ」記載したもの
ですから、ザックリ本制度を理解する上では覚えていただかなく
ても大丈夫です。

　また、このあとの本文の説明において、説明が重複することが
ありますが、本書では、この「もうちょっと知りたい方へ」を読

まずに本文を読むだけで本制度をザックリ理解できるように作成していますので、ご容赦ください。

 もうちょっと知りたい方へ⑶

○連結の範囲等

　連結財務諸表に関する会計基準においては、連結の範囲について、親会社は、重要性が乏しいものや支配が一時的であるものなどの例外を除き、原則として全ての子会社を連結の範囲に含めることとされています。

　また、親会社及び子会社については、おおよそ次のように定められています（会計基準6、7）。

ⅰ　親会社……他の企業の財務及び営業又は事業の方針を決定する機関（意思決定機関）を支配している企業。

ⅱ　子会社……親会社が意思決定機関を支配している企業。なお、「親会社と子会社」又は「子会社」が意思決定機関を支配している企業もその親会社の子会社とみなされます。

　そして、意思決定を支配している企業とは、次のいずれかに該当する企業（更生会社などを除きます。）をいうこととされています。

①　議決権の50%超を自己（親会社）が所有している企業

②　議決権の40%以上50%以下を自己（親会社）が所有している企業で、自己（親会社）と緊密な関係がある者の所有分を合わせれば50%超となるなど一定の要件を満たす企業

③　自己（親会社）と緊密な関係がある者との所有分を合わせれば50%超となる企業で、その企業の資金調達額の50%超を自己（親会社）が融資するなど一定の要件を満たす企業

もうちょっと知りたい方へ⑷

○**構成会社等になり得る事業体、恒久的施設等**

　企業グループの「**構成会社等**」は、株式会社などの会社だけでなく、恒久的施設なども該当する可能性があります。

　我が国の会社においては、子会社はないものの、外国に支店や工場などを設置されている場合もあるでしょう。

　こういった場合に、構成会社等に該当するのかどうか、もう少し知っておきたいと考えられることもあろうかと考えます。

　そこで、「構成会社等」に該当する可能性のあるもの（①及び②）を、簡単に説明しておきます（法法82十三）。

① 　会社等……会社、組合その他これらに準ずる事業体をいい、外国におけるこれらに相当するものを含みます（法法82一ハ）。ただし、政府関係会社等や国際機関関係会社等などのうち一定の会社等（除外会社等）は構成会社等にはなりません。

　　※ 　「 もうちょっと知りたい方へ⑵」（登場人物（企業等））で記載した導管会社等や各種投資会社等などの会社等も含まれるため、会社等は結構広い概念です。

　　※ 　国、地方公共団体、国際機関は、そもそも会社等に該当せず、構成会社等にも該当しません。

② 　①（会社等）の恒久的施設等

【参　考】

　なお、「恒久的施設」については従前から定義があり（法法2一二の十九）、恒久的施設には当たらないものまでを含めたもう少し広い概念が「恒久的施設等」となります。

　本制度においては、我が国と同様に所得合算ルールを法制化する国・地域と恒久的施設等の範囲を一致させる必要があり、恒久的施

設に類似するものを含めて定義しているためですが、本制度ではこのように従前の定義に「等」を付した定義がたくさん出てきます（例えば、「特定多国籍企業グループ」（措法66の4の4）と本制度の「特定多国籍企業グループ等」など）。

　これらは、恒久的施設等と同様に、従来の定義とは少し範囲が異なるものと理解してください（本書では説明を簡素化するため、以下では説明を省略しますのでご容赦ください。）。

⑵ 対象となる多国籍企業グループ等（特定多国籍企業グループ等）

　多国籍企業グループ等のうち、本制度の対象となるものを「特定多国籍企業グループ等」といいます（法法82四）。

　この特定多国籍企業グループ等に該当するかどうかは、多国籍企業グループ等の過去の総収入金額で判定することとなります。

　具体的には、本制度の適用を受けるかどうかを判定する対象会計年度の直前の4対象会計年度のうち2以上の対象会計年度の総収入金額が7億5,000万ユーロ以上であるものなどが本制度の対象となる多国籍企業グループ等ということになり、これを法人税法では「特定多国籍企業グループ等」と定義しています（法法82四）。

　仮に、1ユーロを140円とするならば、多国籍企業グループ等における各対象会計年度の総収入金額が1,050億円以上の場合に、7億5,000万ユーロ以上となります。

（例：日本国親会社Ａ社と外国子会社Ｂ社の場合）

X年度	A社 (収入金額)	B社 (収入金額)	総収入金額	1,050億円 以上か？	特定多国籍企業 グループ等への該当性
X年度	（該当性を判定する年度）				**該　当**
X－1年度	800億円	500億円	1,300億円	○	
X－2年度	800億円	150億円	950億円	×	前4会計年度のうち、2会計年度が1,200億円以上
X－3年度	700億円	500億円	1,200億円	○	
X－4年度	600億円	400億円	1,000億円	×	

　なお、ユーロから円への換算は、その換算をする対象会計年度開始の日の属する年の前年12月における欧州中央銀行によって公表された外国為替の売買相場の平均値により行うこととなります（法規38の3）。

> ※　過去の欧州中央銀行によって公表された外国為替の売買相場の平均値は、26ページの「🐷もうちょっと知りたい方へ(5)」において記載していますので、参考にしてください。

　また、多国籍企業グループ等の総収入金額とは、対象会計年度の連結等財務諸表における売上金額、収入金額その他の収益の額の合計額をいいます（法規38の6①）。

　ここで少し注意しなければならないのは、連結等財務諸表においては、グループ内の法人間の取引は調整されます（例えば、子会社における「親会社への売上げ」は、親会社における「子会社からの仕入れ」と相殺消去されるなど）ので、単純に多国籍企業グループ等に属する法人の収入を単純合計した金額で判定することはできません。

　ただし、グループの総収入金額は、グループ内の法人間の取引調整により、単純合計した金額よりも減少するケースが多くなります。

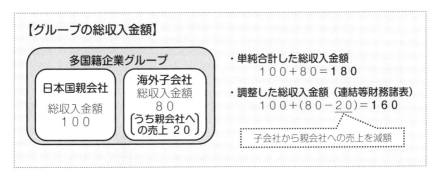

したがって、過去4年の対象会計年度につき、年度ごとに各法人の総収入金額を単純合計した金額が1,200億円を上回る年度が二以上でなければ、多国籍企業グループ等に該当しない、つまり本制度の対象とならないと考えてよいでしょう。

なお、これまで説明した「企業グループ等」、「多国籍企業グループ等」及び「特定多国籍企業グループ等」の関係を図で示すと、次のとおりになります。

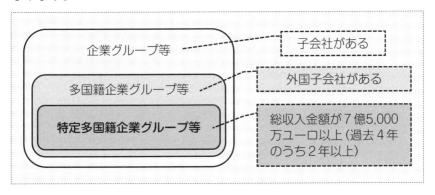

○欧州中央銀行の売買相場

　過去5年における12月の欧州中央銀行によって公表された外国為替の売買相場の平均値は、次のとおりです。

【各年12月の外国為替の売買相場の平均値】（欧州中央銀行ＨＰより）

2019年（令和元年）12月	1ユーロ→121.24円
2020年（令和2年）12月	1ユーロ→126.28円
2021年（令和3年）12月	1ユーロ→128.80円
2022年（令和4年）12月	1ユーロ→142.82円
2023年（令和5年）12月	1ユーロ→157.21円

　上記のレートにより、各年の7億5,000万ユーロ（€）を日本円に換算すると次のとおりです。

2019年12月	7億5,000万€	→	909億3,000万円
2020年12月	7億5,000万€	→	947億1,000万円
2021年12月	7億5,000万€	→	966億円
2022年12月	7億5,000万€	→	1,071億1,500万円
2023年12月	7億5,000万€	→	1,179億750万円

　なお、本制度においては、特定多国籍企業グループ等の判定における「7億5,000万ユーロ」のほかに、「1,000万ユーロ」、「100万ユーロ」及び「5万ユーロ」といった金額基準がありますが、これらの基準の判定における本邦通貨表示のレートも同様に、「対象会計年度開始の日の属する年の前年12月における欧州中央銀行によって公表された外国為替の売買相場の平均値」により行うこととなります（法規38の3）。

ザックリポイント3
所得合算ルールの適用対象

・・・・・・・・・・・・・・・・・・・・・・・・・・・・・・・・・・・・・・・

● 　我が国の所得合算ルール（本制度）の適用対象となるのは、「特定多国籍企業グループ等」である。

● 　本制度の納税義務者は、「特定多国籍企業グループ等に属する内国法人」とされ、通常は我が国の親会社が納税する。

● 　特定多国籍企業グループ等に該当するかどうかは以下の段階を踏んで判定する。

① 　我が国の親会社が連結等財務諸表を作成する場合に連結対象となる親会社と子会社（恒久的施設等を含む。）で構成するものが「企業グループ等」に該当。

② 　企業グループ等のうち、子会社が外国にあるものが「多国籍企業グループ等」に該当。

③ 　多国籍企業グループ等のうち、過去4対象会計年度のうち2対象会計年度以上の総収入金額が7億5,000万ユーロ（1ユーロ140円とすれば1,050億円）以上のものが「特定多国籍企業グループ等に該当。

② 課税標準の計算方法は？（国際最低課税額）

　所得合算ルール（ＩＩＲ）については、Ⅰの②で簡単に説明したところですが、おさらいしますと、軽課税国に所在する子会社における税負担の割合が15％に満たない場合に、その満たない部分を親会社へ上乗せ課税するというルールであり、多数の国・地域で導入されるものです。

　そして、我が国で制度化された所得合算ルールである本制度（各対象会計年度の国際最低課税額に対する法人税）においては、15％に満たない部分に相当するものを「国際最低課税額」とし、これを本制度の課税標準としています（法法6の2、82の2①）。

　ここでは、この国際最低課税額の算出方法を説明していきますが、複雑な説明となりますので、まずは、次の(1)において国際最低課税額の算出方法のイメージをつかんでいただき、(2)において国際最低課税額に係る法人税法の規定や計算の流れを説明し、最後に、(3)において具体的な国際最低課税額の計算過程を説明していきます。

(1)　国際最低課税額のイメージ

　国際最低課税額とは、あくまでイメージですが、本制度の対象となる特定多国籍企業グループ等に属する海外子会社の所得に対し、基準税率（15％）から子会社の所在地国での実効税率を控除した割合を乗じて計算した金額のうち親会社の所有持分に応じた金額となります（法法82の2②）。

　もう少し具体的にいえば、海外子会社が所得に対して7％の課税を受けているとすると、基準税率（15％）に満たない8％部分の金額が、本制度の課税標準（国際最低課税額）になるということです。

　つまり、通常の法人税（各事業年度の所得に対する法人税）は、所得

が課税標準ですが、本制度では、海外子会社の基準税率に不足する税金相当額が課税標準となるということです。

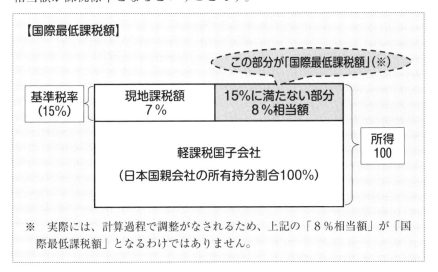

【国際最低課税額】

この部分が「国際最低課税額」(※)

| 基準税率(15%) | 現地課税額7% | 15%に満たない部分8%相当額 |

軽課税国子会社
(日本国親会社の所有持分割合100%)

所得100

※ 実際には、計算過程で調整がなされるため、上記の「8%相当額」が「国際最低課税額」となるわけではありません。

(2) 国際最低課税額の計算

イ 法人税法上の定め

　国際最低課税額は、本制度の課税標準であり、いわば本制度の心臓部分ともいえる重要なものです。

　そのため、少し細かくなりますが、国際最低課税額を税法上どのように定めているかを見ていただき、その上で税法の定めに沿って、本税度の課税標準となる国際最低課税額を算出するための計算過程を説明していきます。

【国際最低課税額】（法法82の2①（抜すい））

　国際最低課税額とは、特定多国籍企業グループ等に属する構成会社等である内国法人の 各対象会計年度に係る当該特定多国籍企業グループ等のグループ国際最低課税額（構成会社等に係るグループ国際最低課税額と共同支配会社等に係るグループ国際最低課税額

とを合計した金額をいう。）のうち、当該特定多国籍企業グループ
等に属する構成会社等（その所在地国が我が国であるものを除く。）
又は当該特定多国籍企業グループ等に係る共同支配会社等（その所
在地国が我が国であるものを除く。）の個別計算所得金額に応じて
当該構成会社等又は当該共同支配会社等に帰属する金額として政
令で定めるところにより計算した金額（以下この項において「会社
等別国際最低課税額」という。）について、次の各号に掲げる当該
構成会社等又は当該共同支配会社等の区分に応じ当該各号に定め
るところにより計算した金額を合計した金額をいう。

（※　上記の「各号」は、記載を省略しています。）

この条文のままでは、「う～ん」と唸ってしまいますね。

なぜ、こんなに複雑な定めになっているかというと、特定多国籍企業
グループ等に属する子会社が複数存在する場合、子会社の所在地国が複
数の外国である場合、子会社がジョイントベンチャー（ＪＶ：Joint
Venture）である場合、特定多国籍企業グループ等に属するのが子会社
でなく海外支店等の恒久的施設などである場合など、さまざまな場面に
対応させる必要があるためです。

□　シンプルな設定による平易な読み替え

冒頭から申し上げているとおり、本書では制度の概要をザックリ理解
していただくことが目的ですから、シンプルに、親会社が日本企業であ
り、軽課税国に子会社（所有持分100％の構成会社等）が１社ある場合
について説明します。

その前提で、前述の条文をザックリと理解できるよう、平易に読み替
えていきますと、次のとおりになります。

国際最低課税額とは、

① 特定多国籍企業グループ等に属する構成会社等である内国法人の

⇩

30

（読替後） 日本国親会社と外国子会社のうち日本国親会社の

② 各対象会計年度に係る当該特定多国籍企業グループ等のグループ国
際最低課税額（構成会社等に係るグループ国際最低課税額と共同支配
会社等に係るグループ国際最低課税額とを合計した金額をいう。）の
うち、

⇩

（読替後） 連結等財務諸表の作成に係る期間（各対象会計年度）
において、グループ国際最低課税額のうち、

③ 当該特定多国籍企業グループ等に属する構成会社等（その所在地国
が我が国であるものを除く。）又は当該特定多国籍企業グループ等に
係る共同支配会社等（その所在地国が我が国であるものを除く。）の
個別計算所得金額に応じて当該構成会社等又は当該共同支配会社等に
帰属する金額として政令で定めるところにより計算した金額（以下こ
の項において「会社等別国際最低課税額」という。）について、

⇩

（読替後） 外国子会社に帰属する部分（会社等別国際最低課税
額）について、

※ 本書前提の場合は、外国子会社が1社であり持分100％であるため、②と③
は同一額となります。

④ 次の各号に掲げる当該構成会社等又は当該共同支配会社等の区分に
応じ当該各号に定めるところにより計算した金額を合計した金額をい
う。

⇩

（読替後） その外国子会社の区分に応じた一定の計算方法により
計算した金額を合計した金額をいう。

この読み替え後の文章をつなげると次のようになります。

国際最低課税額とは、

① 日本国親会社と外国子会社のうち日本国親会社の

② 連結等財務諸表の作成に係る期間（各対象会計年度）において、グループ国際最低課税額のうち、

③ 外国子会社に帰属する部分（会社等別国際最低課税額）について、

④ その外国子会社の区分に応じた一定の計算方法により計算した金額を合計した金額をいう。

少しは分かりやすくなりましたか？

日本語としては読みやすくはなったものの、ここで分かることは、②の文末が「……グループ国際最低課税額のうち、」となっていますから国際最低課税額は、グループ最低課税額の内書きだということぐらいであり、結局は②の「グループ国際最低課税額」や③の「会社等別国際最低課税額」、更には④の「外国子会社の区分に応じて定める方法により計算した金額」が分からないと全体像がイメージできませんよね。

このあとは、具体的な国際最低課税額の計算過程を示していくことになりますが、なかなか複雑なものとなっています。

この計算過程ですが、まずは、第一段階（後記(**3**)）として、グループ国際最低課税額の計算過程により、どこの国に国際最低課税額（当期国別国際最低課税額）が存在するのかを抽出します。

そして、第二段階（後記(**4**)及び(**5**)）においては、その抽出された当期国別国際最低課税額のうち、親会社の持分に応じた金額（国際最低課税額）を計算するようになっています。

なかなか、上記の法律の平易な読み替えと、ここでの文章だけの説明では分かりにくいと思いますので、以下においてチャート形式で計算の流れを表してみました。まずはこれを見ていただいてから、第一段階（後記(**3**)）及び第二段階（後記(**4**)及び(**5**)）を読み進めていただければ、理解が早まると思います。

【国際最低課税額の計算過程】（第一段階）

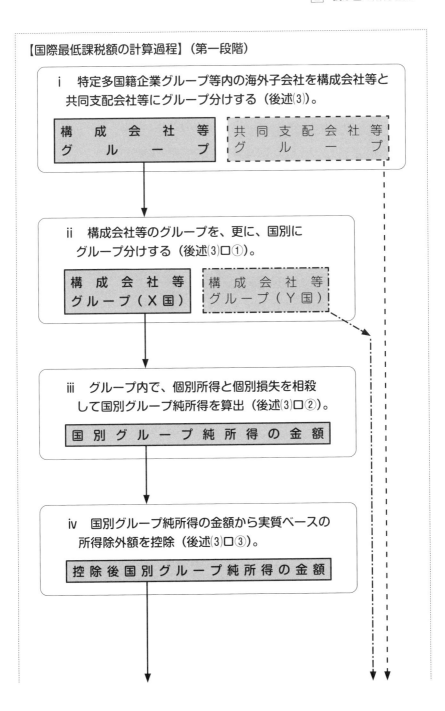

ⅰ 特定多国籍企業グループ等内の海外子会社を構成会社等と
共同支配会社等にグループ分けする（後述⑶）。

| 構 成 会 社 等 グ ル ー プ | 共 同 支 配 会 社 等 グ ル ー プ |

ⅱ 構成会社等のグループを、更に、国別に
グループ分けする（後述⑶ロ①）。

| 構 成 会 社 等 グ ル ー プ（X国） | 構 成 会 社 等 グ ル ー プ（Y国） |

ⅲ グループ内で、個別所得と個別損失を相殺
して国別グループ純所得を算出（後述⑶ロ②）。

国 別 グ ル ー プ 純 所 得 の 金 額

ⅳ 国別グループ純所得の金額から実質ベースの
所得除外額を控除（後述⑶ロ③）。

控 除 後 国 別 グ ル ー プ 純 所 得 の 金 額

v 控除後国別グループ純所得の金額に、所在地国の実効税率が15%に満たない割合を乗じて当期国別国際最低課税額を算出（後述(3)ロ④）。

当 期 国 別 国 際 最 低 課 税 額

vi 当期国別国際最低課税額に、過年度の再計算や租税などによる調整を行い調整後国別国際最低課税額を算出（後述(3)ロ⑤）。

調 整 後 国 別 国 際 最 低 課 税 額

vii Y国他各国において同様に計算した調整後国別国際最低課税額を合算して構成会社等に係るグループ国際最低課税額を算出（後述(3)ロ⑥）。

構成会社等に係るグループ国際最低課税額

viii ii〜viiと同様に計算した共同支配会社等に係るグループ国際最低課税額と合算してグループ国際最低課税額を算出（後述(3)ロ⑥）。

グ ル ー プ 国 際 最 低 課 税 額

【国際最低課税額の計算過程】（第二段階）

ⅰ 第一段階ⅴの当期国別国際最低課税額に、租税の額などによる第一段階ⅵとは異なる調整を実施し、別調整後当期国別国際最低課税額を算出（後述⑷）。

別 調 整 後 当 期 国 別 国 際 最 低 課 税 額

ⅱ 別調整後当期国別国際最低課税額を同一国内の子会社等の個別所得の比で黒字会社等に配分し、会社等別国際最低課税額を算出（後述⑷）。

会 社 等 別 国 際 最 低 課 税 額

ⅲ 会社等別国際最低課税額のうち、親会社の持分に応じた金額を算出（後述⑸）。

会社等別国際最低課税額（親会社持分）

ⅳ 同様に計算した、全ての構成会社等と共同支配会社等の会社等別国際最低課税額（親会社持分）を合算し、国際最低課税額を算出（後述⑸）。

国 際 最 低 課 税 額

他の構成会社等のⅲの金額

全ての共同支配会社等のⅲの金額

ザックリポイント4

所得合算ルールの課税標準

● 我が国の所得合算ルール（本制度）の課税標準は「国際最低課税額」。

● 国際最低課税額は、「グループ国際最低課税額」、「会社等別国際最低課税額」、「実効税率」などを基礎として複雑な計算により算出する。

● 国際最低課税額の計算は、海外子会社が負担する現地での税金が、基準税率（15％）に不足する額を算出するもの。

● 国際最低課税額の計算過程は二段階に分かれている。

〔第一段階〕いずれの国に、国際最低課税額が存在するかをみて、これらを合計したグループ国際最低課税額を算出する。

〔第二段階〕個々の会社等ごとに計算した会社等別国際最低課税額のうち、親会社の持分に応じた金額を算出し、これを合計して国際最低課税額を算出する。

(3) グループ国際最低課税額（計算過程の第一段階）

「グループ国際最低課税額」の算出は、前述のとおり、国際最低課税額を計算する上での第一段階といえるものです。

法人税法上、「構成会社等に係るグループ国際最低課税額と共同支配会社等に係るグループ最低課税額を合計した金額」(※)をいうこととされています（法法82の2①）。

ここで「構成会社等」と「共同支配会社等」が理解できないと先に進めませんから、これらについて簡単に説明します。

　まず、構成会社等についてですが、15ページで触れましたが、構成会社等とは会社等とその恒久的施設等がこれに該当する可能性があります。そして、共同支配会社等とは、いわゆるジョイントベンチャー（ＪＶ）のことを指しており、親会社が持分の50％以上を有するジョイントベンチャーとその恒久的施設等がこれに該当することになります。

　法令上、共同支配会社等とは、連結等財務諸表において会社等が有する持分に応じた金額を反映される方法（持分法）が適用される会社等とされており（法法82十五）、ジョイントベンチャーは持分法により連結等財務諸表に記載されることから、これに該当することになります。

　なお、ここから先は「構成会社等に係るグループ国際最低課税額」の計算過程に沿って説明を進めていきますが、同様に「共同支配会社等に係るグループ国際最低課税額」を計算し、冒頭申し上げたとおり、これらの合計が「グループ国際最低課税額」となることをお忘れなきようお願いします。

　また、ここからの説明は、文字どおりグループを前提に計算等をすることとなりますので、その説明の前提は、複数の子会社（構成会社等）が複数の外国に所在する場合となります。

> ※　「共同支配会社等に係るグループ国際最低課税額」は、43ページの「 🌏 もうちょっと知りたい方へ(6)」において、簡単に説明しますので、必要に応じて参照してください。

イ　構成会社等に係るグループ国際最低課税額（法法82の2①②）

　「構成会社等に係るグループ国際最低課税額」の計算ですが、まず、特定多国籍企業グループ等に属する全ての構成会社等をその所在地国別に分けます。

　次に、その所在地国ごとに、その国の構成会社等の個別所得(※)の合計額から個別損失(※)の合計額を控除した金額（国別グループ純所得の金額）がある場合に、この国別グループ純所得の金額からその国に属す

る全ての構成会社等における給与等の額や有形固定資産等の額などの一定の金額（「給与等の金額」といいます。）の合計額に５％を乗じて計算した金額（「実質ベース所得除外額」といいます。）を控除します。

　そして、実質ベース所得除外額を控除して求めた金額に、基準税率（15％）からその所在地国の国別実効税率（その所在地国内の全ての構成会社等の対象租税の額などを勘案して計算した金額の合計額が国別グループ純所得の金額に占める割合）を控除した割合を乗じて計算した金額（当期国別国際最低課税額）を算出します。

　この当期国別国際最低課税額に、過去の対象年度の再計算を行うこととなったことなどにより生ずる再計算国別国際最低課税額や未分配所得国際最低課税額を加算し、所在地国で構成会社等に課された税金の額（自国内最低課税額に係る税の額）を減算するなどの調整を行った金額を算出します。

　この調整により算出した金額は、所在地国ごとに計算されていますから、所在地国ごとに計算した金額を合計した金額が、「構成会社等に係るグループ国際最低課税額」となります。

　文章だけでの説明では、分かりづらいでしょうから、次の□において、図を交えながら計算過程を説明します。

※　上記では説明を簡便化するため、構成会社等ごとに計算した所得や損失を「個別所得」と「個別損失」という用語で説明しています。

　　ただし、法令上では、所得と損失の共通用語として「個別計算所得等の金額」があり、所得がある場合には「個別計算所得金額」、所得がゼロ又はマイナスの場合には「個別計算損失金額」とされています（法法82二十七、二十八）。

　　また、個別計算所得等の金額の基礎となる「当期純損益金額」という用語もあり、この連結等財務諸表の作成の基礎となる当期純損益金額に費用の額に計上した租税を加算するなどの調整を行ったものが個別計算所得等の金額となります（法法82二十六、法令155の18）。

38

　なお、「個別計算所得等の金額」の算定は、国際最低課税額を計算する上での基礎となるものですから、44ページの「🐷もうちょっと知りたい方へ(7)」において、「当期純損益金額」についての注意点と合わせ、少し詳しく説明しますので、必要に応じて参照してください。

□　構成会社等に係るグループ国際最低課税額の計算課程

　構成会社等に係る国際最低課税額は、それぞれの構成会社等の所在地国における実効税率や所得の状況によって異なる計算をすることとされています。

　ここで説明する計算過程は、「所在地国の実効税率」が基準税率を下回り、「国別グループ純所得の金額」がある場合の計算方法を説明していきます（法法82の2②一）。

　ただし、上記の場合以外に、実効税率が基準税率以上の場合などさまざまな場合(※)が設定されており、その場合に応じて計算した金額を合計したものが「構成会社等に係るグループ国際最低課税額」となりますのでご注意ください（法法82の2②二～六）。

　※　上記の「さまざまな場合」及びその場合の計算については、45ページの「🐷もうちょっと知りたい方へ(8)」において、説明しますので、必要に応じて参照してください。

①　構成会社等を国別にグループ分けする。

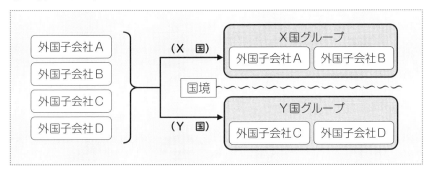

② その国の全ての構成会社等の個別所得と個別損失を通算する（国別グループ純所得の金額の計算）。

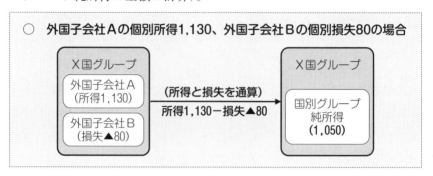

○ **外国子会社Aの個別所得1,130、外国子会社Bの個別損失80の場合**

③ それらの構成会社等の給与等の金額の5％相当額（実質ベース所得除外額(※)）を国別グループ純所得の金額から控除して「控除後国別グループ純所得の金額」を算出する。

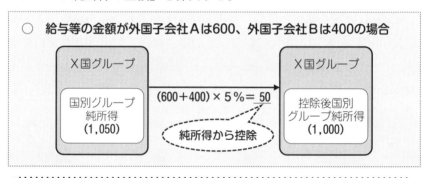

○ **給与等の金額が外国子会社Aは600、外国子会社Bは400の場合**

※ 「実質ベース所得除外額」の計算については、48ページの「もうちょっと知りたい方へ(9)」において、もう少し詳しく説明しますので、必要に応じて参照してください。

④ 控除後国別グループ純所得の金額に、基準税率からその所在地国の実効税率(※)を控除した割合（15％－実効税率）を乗じて当期国別国際最低課税額を算出する。

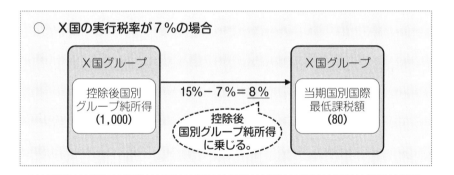

○　**X国の実行税率が７％の場合**

X国グループ

控除後国別
グループ純所得
（1,000）

15％－7％＝8％
控除後
国別グループ純所得
に乗じる。

X国グループ

当期国別国際
最低課税額
（80）

※　「実効税率」については、49ページの「🐗もうちょっと知りたい方へ⑽」において、もう少し詳しく説明しますので、必要に応じて参照してください。

⑤　④の金額に、過去の対象年度の再計算などにより生じた再計算国別国際最低課税額（※）や未分配所得国際最低課税額（※）を加算し、自国内最低課税額に係る税（※）の額を減算するなどの調整を行う。

　　なお、この調整して計算した金額を「調整後国別国際最低課税額」として説明していきます。

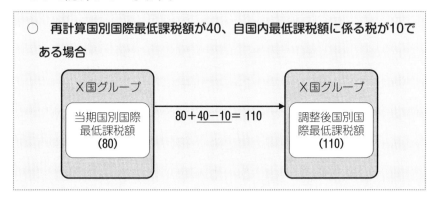

○　**再計算国別国際最低課税額が40、自国内最低課税額に係る税が10である場合**

X国グループ

当期国別国際
最低課税額
（80）

80＋40－10＝ 110

X国グループ

調整後国別国
際最低課税額
（110）

※ 「再計算国別国際最低課税額」、「未分配所得国際最低課税額」及び「自国内最低課税額に係る税」については、50ページの「🐗 もうちょっと知りたい方へ⑾」において、もう少し詳しく説明しますので、必要に応じて参照してください。

⑥　所在地国ごとに計算した⑤の金額を合計して、構成会社等に係るグループ国際最低課税額を計算する。

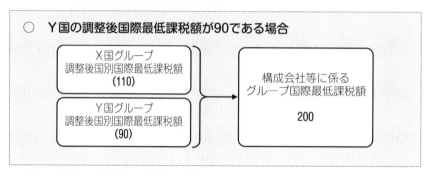

○　Y国の調整後国際最低課税額が90である場合

X国グループ
調整後国別国際最低課税額
(110)

Y国グループ
調整後国別国際最低課税額
(90)

構成会社等に係る
グループ国際最低課税額

200

　なお、上記の「構成会社等に係るグループ国際最低課税額」の計算は、構成会社等の中に各種投資会社等など一定のもの（特定構成会社等）がある場合には、特定構成会社等とそれ以外の構成会社等を区分して計算することとなります（法法82の2③）。

八　移転価格税制など既存の制度との関係

　上記□において、構成会社等に係る国際最低課税額の計算過程をザックリ説明しました。

　また、上記では全体像を理解するための説明であるため、特に説明はしていませんが、本制度と同様に外国子会社の所在地国における事業に着目して我が国の親会社に課税する制度である移転価格税制（措法66の4）や外国子会社合算税制（措法66の6～66の9）との調整が図られています。

※ 移転価格税制（ＴＰ（：Transfer Pricing）税制）と本制度との調整については、44ページの「もうちょっと知りたい方へ(7)」において、外国子会社合算税制（ＣＦＣ（：Controlled Foregin Company）税制）と本制度との調整については、49ページの「もうちょっと知りたい方へ(10)」において、もう少し詳しく説明しますので、必要に応じて参照してください。

もうちょっと知りたい方へ(6)

○共同支配会社等に係るグループ国際最低課税額

　共同支配会社等（ＪＶ）に係るグループ国際最低課税額の基礎となる共同支配会社等の個別計算所得等の金額についても、構成会社等と同様に、共同支配会社等の当期純損益の金額に加算調整額と減算調整額を加減算した金額をいうこととされています（法法82二十六、法令155の18①④）。

　なお、共同支配会社等については、前述のとおり、子会社の財務諸表の連結等財務諸表への反映方法が親会社の持ち分に応じて反映させる子会社ということになります。

　持ち分に応じて連結等財務諸表に反映させているということは、「共同支配会社等に係るグループ国際最低課税額の計算がさらに複雑なものになるのでは？」と思われるかもしれません。

　しかしながら、この計算は、前出のとおり、親会社の連結等財務諸表ではなく、共同支配会社等ごとの個別計算所得等の金額を基礎として行いますので、「構成会社等に係るグループ国際最低課税額の計算」と大きな違いはなく、同様の計算をして算出することとなります（法法82の2④）。

もうちょっと知りたい方へ(7)

○個別計算所得等の金額と当期純損益金額

　構成会社等の場合の個別計算所得等の金額とは、親会社の連結等財務諸表の作成の基礎となる構成会社等の当期純損益金額に加算調整額を加算し、減算調整額を減算した金額をいうこととされています（法法82二十六、法令155の18①〜③）。

〔加算調整額〕

・　構成会社等が費用の額としている一定の租税の額

・　構成会社等が損失の額としている子会社に対する一定の評価損

・　構成会社等が費用の額としている罰金等　　　　　など

〔減算調整額〕

・　構成会社等が収益としている一定の租税の額

・　構成会社等が収益としている子会社からの一定の配当額

・　年金基金が退職年金等の掛金運用により得た一定の収益で、構成会社等で収益の額としている金額　　　　　など

【参考】移転価格税制（措法66の４）との関係

　上記で説明した個別計算所得等の金額の基礎となる当期純損益金額は、個々の会社等の税引後当期純利益又は当期純損失に一定の調整を行った金額です。

　この一定の調整では、構成会社等が他の構成会社等との間（又は共同支配会社等が他の共同支配会社等との間）で取引を行った場合に、その取引価格が移転価格税制にいう独立企業間価格以外の金額である場合には独立企業間価格で行われたように修正するといった調整も含まれています。

　結果として、海外子会社の所得のうち移転価格税制により是正さ

れ得る部分は、本制度上の当期純利益金額から減算されることとなり、これにより両制度間の調整が図られています（法法82二十六、法令155の16①③）。

　冒頭申し上げたとおり、我が国の所得合算ルールと同様の制度が、たくさんの国と地域で制度化されることが予定されていますから、その基礎となる当期純損失金額や個別計算所得等の金額が、どの国でも可能な限り一致するよう様々な調整がなされており、この移転価格税制に係る調整もその一環です。

もうちょっと知りたい方へ(8)

○さまざまな場合

　本文では、「構成会社等に係るグループ国際最低課税額」の計算方法につき、さまざまな場合ごとに計算方法が異なることを説明していますが、その「さまざまな場合」とは、以下の8つの場合をいいます（法法82の2②）。

① 所在地国における実効税率が基準税率（15％）を下回り、国別グループ純所得の金額がある場合（上記本文の場合）

> ①の構成会社等に係るグループ国際最低課税額

$$= \boxed{\begin{array}{c}当\ 期\ 国\ 別\\国際最低課税額\end{array}} + \boxed{\begin{array}{c}再\ 計\ 算\ 国\ 別\\国際最低課税額\end{array}} + \boxed{\begin{array}{c}未\ 分\ 配\ 所\ 得\\国際最低課税額\end{array}} - \boxed{\begin{array}{c}自国内最低課税額\\に係る税の額\end{array}}$$

② 所在地国における実効税率が基準税率以上であり、国別グループ純所得の金額がある場合

②の構成会社等に係るグループ国際最低課税額

＝ 再計算国別国際最低課税額 ＋ 未分配所得国際最低課税額 － 自国内最低課税額に係る税の額

③－1 国別グループ純所得の金額がない場合（③－2の場合を除く。）

（計 算） 上記②の場合と同じ。

③－2 国別グループ純所得の金額がない場合（調整後対象租税額がゼロを下回り、その下回る額が特定国別調整後対象租税額を超えるとき）

※ 調整後対象租税額とは、所得に対する租税などの対象租税に税効果会計を適用している場合などの一定の調整をした金額をいいます（法法2三十、法令155の35）。

③－2の構成会社等に係るグループ国際最低課税額

＝ 再計算国別国際最低課税額 ＋ 未分配所得国際最低課税額 ＋ 特定国別調整後対象租税額 － 自国内最低課税額に係る税の額

（特定国別調整後対象租税額の計算）

特定国別調整後対象租税額 ＝ （個別計算損失金額の合計 － 個別計算所得金額の合計）× 基準税率（15％）

46

④　無国籍構成会社等の無国籍構成会社等実効税率（調整後対象租
　　税額が個別計算所得金額に占める割合）が基準税率を下回り、そ
　　の無国籍構成会社等の個別計算所得金額がある場合

（当期国際最低課税額の計算）

⑤　無国籍構成会社等の無国籍構成会社等実効税率が基準税率以上
　　であり、その無国籍構成会社等の個別計算所得金額がある場合

```
┌─────────────────────────────────────────┐
│　⑤の構成会社等に係るグループ国際最低課税額　│
└─────────────────────────────────────────┘
```

＝　再　　計　　算　　　＋　未分配所得
　　国際最低課税額　　　　　国際最低課税額

⑥－1　無国籍構成会社等の個別計算所得金額がない場合（⑥－2
　　の場合を除く。）

```
┌──────────────────────────────────────────────┐
│　⑥－1の構成会社等に係るグループ国際最低課税額　│
└──────────────────────────────────────────────┘
```

＝　再　　計　　算　　　＋　未分配所得
　　国際最低課税額　　　　　国際最低課税額

⑥－２　無国籍構成会社等の個別計算所得金額がない場合（調整後対象租税額がゼロを下回り、その下回る額が特定調整後対象租税額を超えるとき）

⑥－２の構成会社等に係るグループ国際最低課税額

$$= \begin{array}{|c|} 再\quad計\quad算 \\ 国際最低課税額 \end{array} + \begin{array}{|c|} 未分配所得 \\ 国際最低課税額 \end{array} + \begin{array}{|c|} 上記の \\ 下回る額 \end{array} - \begin{array}{|c|} 特定調整後 \\ 対象租税額 \end{array}$$

（特定調整後対象租税額の計算）

$$\begin{array}{|c|} 特定調整後 \\ 対象租税額 \end{array} = \begin{array}{|c|} 個別計算 \\ 損失金額 \end{array} \times \begin{array}{|c|} 基準税率 \\ (15\%) \end{array}$$

　上記①から③－２までの構成会社等が無国籍構成会社等でない場合には、所在地国別に計算を行うこととなり、上記④から⑥－２までの構成会社等が無国籍構成会社等である場合には、構成会社等ごとに計算を行うことになります。

　したがって、上記の場合のいずれに当たるかを検討するときには、無国籍構成会社等を除いた上で所在地国グループごとに、どの場合に当たるかを検討することになります（無国籍構成会社等は個々に検討）。

もうちょっと知りたい方へ⑼

○実質ベースの所得除外額

　国別グループ純所得の金額から控除する「実質ベースの所得除外額」とは、次のⅰ及びⅱに掲げる金額を国ごとに合計した金額の５％相当額をいいます（法法82の２②一イ(2)、法令155の38①）。

ⅰ　その国内において行う勤務など人的役務の提供に基因する構成会社等の特定費用（俸給、給料、賃金、歳費又はこれらの性質を有する一定の費用）の額

ⅱ　その国内にある構成会社等が有する特定資産（有形固定資産その他一定の資産）の額

もうちょっと知りたい方へ⑩

○実効税率

　実効税率とは、次の算式により所在地国別に算出される割合をいいます（法法82の2②一イ(3)）。

$$\boxed{\begin{array}{c}国\quad別\\実効税率\end{array}} = \boxed{\begin{array}{c}国別調整後\\対象租税額\end{array}} \div \boxed{\begin{array}{c}国別グループ\\純所得の金額\end{array}}$$

・　国別調整後対象租税額とは、その所在地国の全ての構成会社等のその対象会計年度に係る調整後対象租税額（所得に対する租税などの対象租税に税効果会計を適用している場合などの一定の調整をした金額）の合計額をいいます。

・　「国別グループ純所得の金額」は、40ページの②の金額です。

【参考】外国子会社合算税制（ＣＦＣ税制）（措法66の6～66の9）との関係

　上記で説明した調整後対象租税額については、所得に対する租税に一定の調整をした金額としています。

　この一定の調整においては、一般的に移転価格税制と呼ばれる外国子会社合算税制（措法66の6～66の9）などにより、外国の構成会社等の所得が我が国の親会社の所得に加算され、これに伴い親

会社が我が国に納付した租税の額に相当する金額を、その構成会社等の所得に対する租税に加算して調整後対象租税額を計算するといった調整がされています（法令155の35③四）。

$$\boxed{\begin{array}{c}\text{国別調整後}\\\text{対象租税額}\end{array}} = \boxed{\begin{array}{c}\text{その国の全ての}\\\text{構成会社等の所}\\\text{得に対する租税}\end{array}} + \boxed{\begin{array}{c}\text{移転価格税制}\\\text{により親会社が}\\\text{納付した租税}\end{array}}$$

　この調整の結果として、移転価格税制により親会社に課された租税は、構成会社等の租税に加算され、国別実効税率を引き上げることとなり、実効税率も基準税率を上回ることとなり、本制度（所得合算ルール）の適用もなくなるケースが多いものと思われます。

　ただし、その国の構成会社等が多数存在し、そのうち一部だけが移転価格税制の対象となるような場合には、国別実効税率の引上げ幅が小さく、両制度の重複適用もあり得ますので注意が必要です。

もうちょっと知りたい方へ(11)

○再計算国別国際最低課税額、未分配所得国際最低課税額及び自国内最低課税額に係る税

　当期国別国際最低課税額に加算する再計算国別国際最低課税額及び未分配所得国際最低課税額と、減算する自国内最低課税額に係る税とは、おおむね次のような金額となります。

【再計算国別国際最低課税額】

　再計算国別国際最低課税額とは、その国に属する構成会社等の過去の対象会計年度（過去対象会計年度）に修正があり、過去対象会計年度の租税の額が減少したような場合に生じます。

　このように租税の額が減少したような場合には、過去対象会計年度の当期国別国際最低課税額も過少となっている可能性があるため、これを再計算した「過去対象会計年度に係る再計算当期国別国際最低課税額」を算出し、この金額から再計算前の「当期国別国際最低課税額」を控除した金額が「再計算国別国際最低課税額」となります（法令155の40①）。

再　計　算国 別 国 際最 低 課 税 額	＝	過去対象会計年度に係る再計算当期国別国 際 最 低 課 税 額	－	過去対象会計年度に係る当期国別国 際 最 低 課 税 額

　なお、構成会社等におけるグループ国際最低課税額の算出において、この再計算国別国際最低課税額を当期国別国際最低価額に加算することにより（41ページの⑤）、過去対象会計年度の修正を、その過去対象会計年度ではなく、当期の対象会計年度において行うことになります。

【未分配所得国際最低課税額】

　この「未分配所得国際最低課税額」というのは、構成会社等が各種投資会社等に対する持分を有している場合などにおいて、個別計算所得等の特例計算（法令155の31）を適用している場合に生じます。

　この特例について詳しい説明はしませんが、構成会社等が各種投資会社等から受ける配当などについての特例計算であり、各種投資会社等の利益のうち4対象会計年度（過去の3対象会計年度と当期の対象会計年度）内に配当されなかった部分の金額につき、その構成会社等の持分に対応する部分に基準税率（15％）を乗じて計算した金額などを「未分配所得国際最低課税額」といいます（法令155の42①一）。

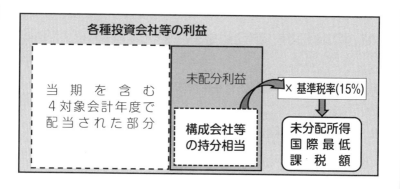

各種投資会社等の利益

当期を含む
4対象会計年度で
配当された部分

未配分利益

構成会社等
の持分相当

× 基準税率(15%)

未分配所得
国際最低
課税額

　なお、構成会社等におけるグループ国際最低課税額の算出におい
て、この未分配国際最低課税額も当期国別国際最低課税額に加算す
ることになります。

【自国内最低課税額に係る税】

　この「自国内最低課税額に係る税」というのは、外国の構成会社
等に対して、その所在地国（外国）で課される税（国別実効税率が
基準税率に満たない部分を基礎として計算される金額を課税標準と
するものに限ります。）などをいいます（法法82三十一）。

　なお、構成会社等におけるグループ国際最低課税額の算出におい
て、この自国内最低課税額に係る税は当期国別国際最低課税額から
減算することになります。

ザックリポイント5

グループ国際最低課税額

● 「グループ国際最低課税額」は、「構成会社等に係るグループ国
際最低課税額」と「共同支配会社等に係るグループ国際最低課税
額」の合計額。

● 　共同支配会社等は、いわゆるジョイントベンチャー（ＪＶ）の
ことであり、構成会社等と比べ連結等財務諸表への反映方法が違
う。

● 　構成会社等に係るグループ国際最低課税額の計算は、実効税率
が基準税率を下回るかどうかなど、さまざまな場合ごとに算出し
た金額を合算して行う。

● 　比較的分かりやすいケースとして「実効税率が基準税率を下回
り、国別グループ純所得の金額がある場合」における構成会社等
に係るグループ国際最低課税額は、次のとおり算出。

①　構成会社等を国別にグループ分けする。

②　①によりグループ分けした国ごとに、構成会社等の個別所得
と個別損失を通算する。

③　②で通算した金額から、それらの構成会社等における給与等
の金額の５％（実質ベース所得除外額）を控除する。

④　③の金額に、基準税率から、その国の実効税率を引いた割合
（15％－実効税率）を乗じて当期国別国際最低課税額を算出す
る。

⑤　④の金額に、過去の対象年度の再計算により生じる調整額な
どを加減算する。

⑥　国別に計算した⑤の金額を合計する。

● 　共同支配会社等に係るグループ国際最低課税額も構成会社等に
係るグループ国際最低課税額と同様に計算。

● 　グループ国際最低課税額の計算の中で、移転価格
税制（ＴＰ税制）や外国子会社合算税制（ＣＦＣ税
制）との調整も図られている。

⑷　会社等別国際最低課税額（計算過程の第二段階ⅰ及びⅱ）

　上記⑶のとおり、国際最低課税額を計算するための第一段階は、特定多国籍企業グループ等に属する会社等を、構成会社等や共同支配会社等の区分ごと、さらに所在地国ごとにグループ分けして計算し、どこの国に当期国別国際最低課税額（上記⑶④の金額）が存在するかを確認し、この当期国別国際最低課税額に調整を加えるなどして、最終的にグループ国際最低課税額を算出しました。

　そして、ここで説明する国際最低課税額を計算するための第二段階は、第一段階の途中（上記⑶□⑤）での調整後国別国際最低課税額を算出するための調整とは少し異なる別の調整を行った金額（ここでは「別調整後当期国別最低課税額」として説明します。）を算出し、これを構成会社等に配分して会社等別国際最低課税額を算出します（法令155の36）。

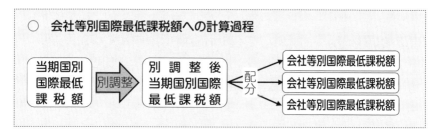

　それでは、別調整後当期国別国際最低課税額の算出について説明します。

　ここでは、「所在地国の実効税率」が基準税率を下回り、「国別グループ純所得の金額」がある場合の計算方法を説明していきますが（法令155の36①一）、上記⑶□の「構成会社等に係るグループ国際最低課税額の計算過程」と同じ場合ごとに調整計算が異なりますのでご注意ください（法令155の36①二～六）。

○　別調整後当期国別国際最低課税額の計算

別調整後当期国別国際最低課税額	=	当期国別国際最低課税額（A）	−	自国内国際最低課税額に係る税（Aに対応するもの）
	+	過去対象会計年度ごとの再計算国別国際最低課税額の合計（B）	−	自国内国際最低課税額に係る税（Bに対応するもの）

（※）過去対象会計年度：当対象会計年度前に開始した各対象会計年度

〔参考〕調整後国別国際最低課税額の計算（上記(3)ロ⑤）

調整後国別国際最低課税額	=	当期国別国際最低課税額（A）	+	再計算国別国際最低課税額	−	自国内国際最低課税額に係る税（Aに対応するもの）

> 　上記2つの算式は、計算式こそ違いますが、その計算は「当期国別国際最低課税額」と「再計算国別国際最低課税額」の合計額から「自国内国際最低課税額に係る税」のうち一定の金額を控除するものですから、ザックリ理解する上では、「ほぼ同額」だと考えて良いでしょう（なお、説明簡素化のため未分配所得国際最低課税額は、ゼロとして記載しています。）。

　そして、その構成会社等の個別所得（個別計算所得金額）が、その所在地国の全ての構成会社等の個別所得（個別計算所得金額）の合計額に占める割合を乗じて行い、これにより会社等別国際最低課税額が算出されます。

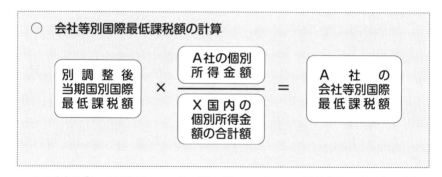

○ 会社等別国際最低課税額の計算

| 別調整後
当期国別国際
最低課税額 | × | A社の個別
所得金額
───────
X国内の
個別所得金
額の合計額 | = | A 社 の
会社等別国際
最低課税額 |

　上記(3)□⑤のX国グループの例に沿い、かつ、調整後国別国際最低課税額と別調整後当期国別国際最低課税額を同額（110）とすると、X国グループに属するAの個別所得金額が1,130であり、Bの個別損失金額が80（(3)②参照）ですから、以下のとおり、別調整後当期国別国際最低課税額の全額がA社の会社等別国際最低課税額となります。

○ 会社等別国際最低課税額の計算（X国A社の計算）

$$110 \times \frac{1{,}130}{1{,}130} = 110$$

※　他の構成会社等であるX国B社には個別所得金額がないため、上記算式の分子・分母は同額（A社の個別所得：1,130）となります。

　上記算式のとおり、個別計算所得金額がある構成会社等に配分された金額が会社等別国際最低課税額ですから、個別計算所得がない構成会社等（個別計算損失金額がある構成会社等）には、当期国別国際最低課税額はありません。

ザックリポイント6

会社等別国際最低課税額

● 「会社等別国際最低課税額」は、当期国別国際最低課税額にグループ国際最低課税額とは異なる調整を行った上で、これを個別所得のある個々の構成会社等ごとに配分して算出。

⑸ 子会社の区分に応じて定める方法により計算した金額の合計額（国際最低課税額）（計算過程の第二段階ⅲ及びⅳ）

そして、第二段階の締めくくり、すなわち国際最低課税額の計算になります。

上記⑷により個々の会社等ごとに計算した会社等別国際最低課税額に、所有持分等により親会社に帰せられる割合（帰属割合）を乗じて計算した金額を、共同支配会社等を含む特定多国籍企業グループ等の全体で合計した金額が国際最低課税額ということになります（法法82の2①一～四）。

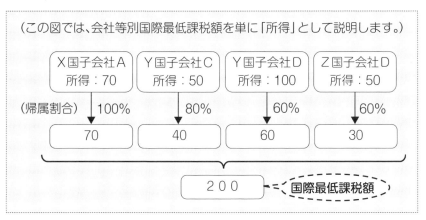

（この図では、会社等別国際最低課税額を単に「所得」として説明します。）

X国子会社A 所得：70	Y国子会社C 所得：50	Y国子会社D 所得：100	Z国子会社D 所得：50
（帰属割合）100%	80%	60%	60%
70	40	60	30

200 ⋯ 国際最低課税額

※　上記では、「所有持分により親会社に帰せられる割合（帰属割合）」と簡単に説明しましたが、下記の「もうちょっと知りたい方へ⑿」でもう少し詳しく説明しますから、必要に応じて参照してください。

　みなさんの理解が進むよう、細かい部分は省略しながら、順を追って説明を進めてきましたが、ここまででようやく本制度の課税標準である国際最低課税額まで説明することができました。

　ただし、複数の外国に複数の子会社が存在する場合には、算出までの過程が多く、どうしても分かりにくい面があります。

　そこで、最もシンプルな場合の国際最低課税額について、次の(6)で説明しておきます。

もうちょっと知りたい方へ⑿

○帰属割合

　上記では、「所有持分により親会社に帰せられる割合（帰属割合）」と簡単に説明しましたが、この帰属割合は、おおむね次の算式により求めることになります（法令155の37②）。

【算式】

$$\text{帰属割合} = \frac{\text{会社等別国際最低課税額} - \text{左の金額のうち同一グループ外の株主に帰属する金額}}{\text{個別計算所得の金額}}$$

ザックリポイント7

国際最低課税額

● 「国際最低課税額」は、個々の会社等ごとに計算した「会社等別国際最低課税額」に親会社に帰せられる割合（帰属割合）を乗じて計算した金額を特定多国籍企業グループ等の全体で合計した金額。

(6) シンプルな場合の国際最低課税額

　ここでは、軽課税国に子会社（帰属割合100％）が1社ある場合を前提とします。

　複数の子会社が存在せず、唯一の子会社の親会社への帰属割合が100％なので、上記(3)から(5)で説明したような国別の計算や帰属割合による調整などを要しないこととなります。

　また、全ての計算を唯一の子会社の所得等を基に行うこととなるため、結果として、その子会社の「会社等別国際最低課税額」がそのまま「国際最低課税額」にもなります。

【算　式】（シンプル（子会社1社）な場合の国際最低課税額）

子会社の会社等別国際最低課税額

$$= \left[\begin{array}{c} \text{子会社の} \\ \text{個別所得} \\ \text{金額} \end{array} - \begin{array}{c} \text{子会社の} \\ \text{給与等} \\ \text{の金額} \end{array} \times 5\% \right] \times \left(\begin{array}{c} \text{基準} \\ \text{税率} \\ (15\%) \end{array} - \begin{array}{c} \text{子会社所} \\ \text{在地国の} \\ \text{実効税率} \end{array} \right) \pm \begin{array}{c} \text{過年度} \\ \text{調整等} \end{array}$$

算式の左側の金額

= 国際最低課税額（本制度の課税標準）

なお、上記の算式を図でイメージすると下図のようになります。

ただし、算式中の過年度調整等（再計算国別国際最低課税額の加算などの調整（(3)□⑤参照））の部分は、イメージ上は省略しています。

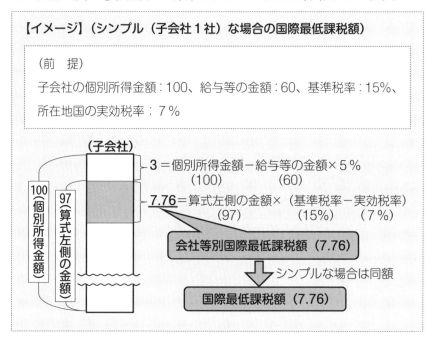

【イメージ】（シンプル（子会社1社）な場合の国際最低課税額）

（前　提）

子会社の個別所得金額：100、給与等の金額：60、基準税率：15%、所在地国の実効税率：7%

（子会社）

3＝個別所得金額－給与等の金額×5%
　　（100）　　　　（60）

7.76＝算式左側の金額×（基準税率－実効税率）
　　　　（97）　　　　（15%）　　（7%）

100（個別所得金額）

97（算式左側の金額）

会社等別国際最低課税額（7.76）

シンプルな場合は同額

国際最低課税額（7.76）

(7)　当期国別国際最低課税額に係る適用免除基準

当期国別国際最低課税額（上記(3)□④の金額）及び構成会社等に係るグループ国際最低課税額（上記(3)□⑥の金額）については、その金額をゼロとすることができる適用免除基準が設けられています。

このうち、当期国別国際最低課税額に係る適用免除基準（デミニマス）は恒久的に適用できるものですが、構成会社等に係るグループ国際最低課税額に係る適用免除基準（国別報告事項セーフハーバー）は、制度導入から当面の間の時限措置（令和6年4月1日から令和8年12月31日までの間に開始し、令和10年6月30日までに終了する対象会計年度で適用できます。）となっています。

イ　当期国別国際最低課税額に係る適用免除基準（デミニマス）

　本制度の適用対象となる特定多国籍企業グループ等に属する構成会社等（各種投資会社等は除かれます。）が、対象会計年度において次の要件の全てを満たす場合には、その対象会計年度における構成会社等の属する所在地国の当期国別国際最低課税額はゼロとなります（法法82の2⑥）。

　ただし、要件を充足していても、後ほど**Ⅳ**で説明する情報提供制度により課された義務を果たしていなければ、この適用免除基準による適用免除を受けることはできません（法法82の2⑦）。

① 　収入金額要件

　その構成会社等の所在地国における対象会計年度とその直前の2対象会計年度に係る収入金額の合計額の平均額が1,000万ユーロ（1ユーロ140円で換算すれば14億円）に満たないこと（法令155の54①）。

　具体的には、同一の所在地国にある全ての構成会社等の収入金額の合計額で計算しますから、所在地国を「A国」とし、要件を充足するかどうかを判定する対象事業年度を「X年」、その前年を「X－1年」、その前々年を「X－2年」とすれば、収入金額要件は次のイメージとなります。

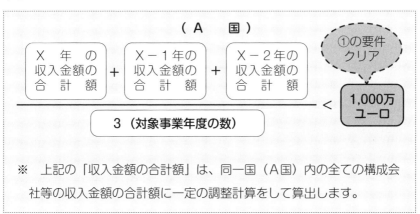

※　上記の「収入金額の合計額」は、同一国（A国）内の全ての構成会社等の収入金額の合計額に一定の調整計算をして算出します。

② 利益金額要件

　その構成会社等の所在地国における対象会計年度とその直前の2対象会計年度に係る所在地国所得等の金額の平均額が100万ユーロ（1ユーロ140円で換算すれば1億4,000万円）に満たないこと（法令155の54②）。

　なお、所在地国所得等の金額とは、ザックリいえば、同一の所在地国にある全ての構成会社等の個別所得の合計額から個別損失の合計額を減算した金額であり、同一の所在地国にａ、ｂ、ｃの3社がある場合には、次のイメージとなります（法令155の54②）。

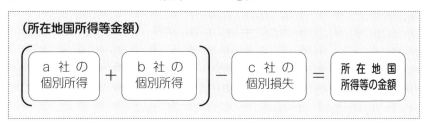

　この所在地国所得等の金額を踏まえ、①と同様に、所在地国を「Ａ国」とし、要件を充足するかどうかを判定する対象事業年度を「Ｘ年」、その前年を「Ｘ－1年」、その前々年を「Ｘ－2年」とすれば、利益金額要件は次のイメージとなります。

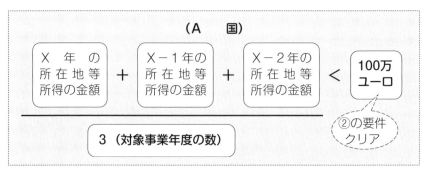

　なお、共同支配会社等に係る当期国別国際最低課税額の計算においても、同様の適用免除基準（デミニマス）が措置されています（法法82の2⑩）。

□　構成会社等に係るグループ国際最低課税額に係る適用免除基準（国
別報告事項セーフハーバー）

　この適用免除基準については、国別報告事項セーフハーバーと呼ばれ
ているもので、当局に国別報告事項が情報提供されていることを前提と
し、一定の要件を満たせば、その要件を満たす所在地国の構成会社等に
係るグループ国際最低課税額をゼロとすることを選択できるというもの
です（令和 5 年改正法附則14①②）。

①　国別報告事項

　この国別報告事項（※）については、令和 5 年度の本制度の法制化以前
から措置されているものであり、特定多国籍企業グループに対し、その
グループの構成会社等が事業を行う国や地域、そして収入金額等を親会
社の会計年度終了の日から 1 年以内に、e-Tax により親会社の所轄税務
署に提出することが義務づけられているものです（措法66の 4 の 4 ①）。

　したがって、この提出義務を果たしていることが、この適用免除基準
（国別報告事項セーフハーバー）を適用するための前提となります。

　なお、本制度の適用対象となるのは「特定多国籍企業グループ等」で
あり、この国別報告事項の対象は「特定多国籍企業グループ」と言葉は
似ていますが必ずしも一致するものではありません（措法66の 4 の 4
④）。

※　上記の「国別報告事項」（措法66の 4 の 4 ）については、66ページの
「🌏もうちょっと知りたい方へ⑬」で、もう少し詳しく説明しますの
で、必要に応じて参照してください。

---

②　適用要件

　この適用免除基準（国別報告事項セーフハーバー）を適用するには、
以下に記載する i から iii までのいずれかの要件を満たしている必要があ
ります（令和 5 年改正法附則14①一～三）。

i　デミニマス要件

　国別報告事項などにより提供された同一の所在地国の構成会社等に係る収入金額に一定の調整を加えた金額が1,000万ユーロに満たなく、かつ、税引前当期利益の額に一定の調整を加えた金額（調整後税引前当期利益の額）が100万ユーロに満たないこと。

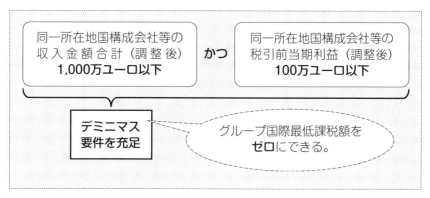

ii　簡素な実効税率要件

　国別報告事項などにより提供された同一の所在地国の構成会社等の連結等財務諸表に記載された法人税の額に一定の調整を加えた金額の合計額が、調整後税引前当期利益の額に占める割合（簡素な実効税率）が一定の割合以上であること。

　なお、上記の「一定の割合」は、次のとおり段階的に引き上げられます。

令和6年4月1日から同年12月31日までの間に開始する対象会計年度	15%
令和7年1月1日から同年12月31日までの間に開始する対象会計年度	16%
令和8年1月1日から同年12月31日までの間に開始する対象会計年度	17%

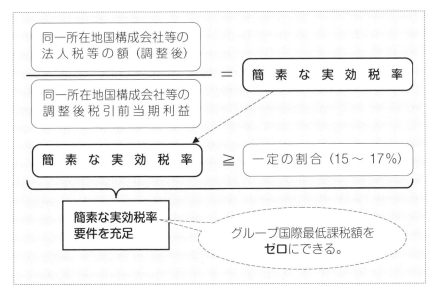

iii　通常利益要件

　調整後税引前当期利益の額が、給与等の金額の５％相当額以下であること。

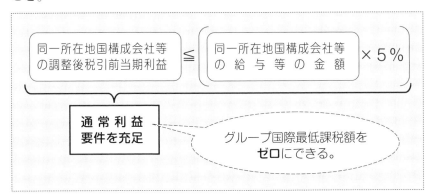

　なお、要件を充足していても、後ほど Ⅳ で説明する情報提供制度により課された義務を果たさなければ、この適用免除基準による適用免除を受けることはできません（令和５年改正法附則14②）。

　また、共同支配会社等に係るグループ国際最低課税額の計算において、本書では省略しますが、計算方法は異なるものの適用免除基準（国別報

告事項セーフハーバー）が措置されています（令和5年改正法附則14③
④）。

もうちょっと知りたい方へ⒀

○国別報告事項

　「国別報告事項」については、「租税特別措置法第66条の4の4に
規定する国別報告事項をいう」（令和5年改正法附則14①）とされ
ています。

　そして、租税特別措置法第66条の4の4では、特定多国籍企業グ
ループの構成会社等である内国法人（最終親法人など）は、最終親
会計年度終了の日の翌日から1年以内に、e-Tax により、その内国
法人の所轄税務署に国別報告事項を提出することが義務づけられて
います。

　また、この国別報告事項とは、特定多国籍企業グループの構成会
社等に関する、事業が行われる国又は地域ごとの次のような事項と
なっています。

① 　収入金額

② 　税引前当期利益の額

③ 　納付税額　　　　　　　　　など

　上記の義務は内国法人に課せられるものですが、同様の事項が、
我が国以外の国又は地域の税務当局に提出された場合にも、国別報
告事項セーフハーバーにおいては、国別報告により当局に必要な情
報が提供されていることとなります。

　なお、特定多国籍企業グループとは、多国籍企業グループのうち、
直前の親会計年度におけるグループの総収入金額が1,000億円以上
のものをいいます（措法66の4の4④三）。

ザックリポイント8

適用免除基準

- 　一定の基準を満たせば、所在地国単位で本制度の適用を受けなくなる適用免除基準がある。
- 　適用免除基準は、恒久的な措置と時限的な措置があり、収入金額や利益金額が一定の金額に満たないといった要件をクリアすれば適用できる。
- 　適用免除基準を受けるためには、一定の報告義務を満たさなければならない。

⑻　除外会社等

　「構成会社等」については、**1**の⑴で少し触れましたが、企業グループ等を構成する親会社と子会社（これらの恒久的施設等を含みます。）のことをいいます。

　ただし、政府関係会社等のほか、年金基金や親会社である投資会社等など一定の「除外会社等」(※)は構成会社等からは除かれており、結果として国際最低課税額の計算の対象から除かれることになります（法法82十三、十四）。

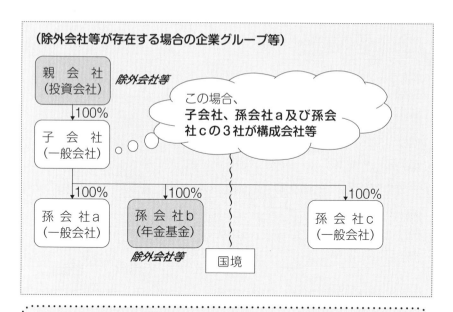

（除外会社等が存在する場合の企業グループ等）

親会社
（投資会社）　*除外会社等*

↓100%

子会社
（一般会社）

この場合、
**子会社、孫会社a及び孫会
社cの3社が構成会社等**

↓100%　　　↓100%　　　　　　　　↓100%

孫会社a
（一般会社）

孫会社b
（年金基金）
除外会社等

国境

孫会社c
（一般会社）

※　「除外会社等」は、69ページの「🐷もうちょっと知りたい方へ⑭」
において、もう少し詳しく説明しますので、必要に応じて参照してくだ
さい。

　なお、「除外会社等」については、後ほど Ⅳ で説明する情報提供制度
等により、必要な情報提供がなされていることを前提として、除外会社
等としない、つまり、構成会社等に含めることができます（法法82の3）。
　また、除外会社等であっても、特定多国籍企業グループ等に該当する
かどうかの判定に必要な多国籍企業グループ等の総収入金額の計算から
除外されることはありませんので、注意が必要です。

68

もうちょっと知りたい方へ⒁

○**除外会社等**

除外会社等とは、具体的には次のような会社等をいいます。

【除外会社等】

① 政府関係会社等　国等が持分の全部を有する会社等で、一定の要件を満たすもの

② 国際機関関係会社等　国際機関のみによって保有される会社等

③ 非営利会社等　もっぱら公益を目的とする会社等で、一定の要件を満たすもの

④ 年金基金　主として退職年金を管理等することを目的とし、一定の要件を満たす会社等、及びその会社等のために事業を行うもの

⑤ 投資会社等　投資会社又は不動産投資会社で、企業グループのトップ（最終親会社）であるもの

⑥ その他除外会社等　①から④までの除外会社等との間で、持分の保有等を通じて密接な関係があるもの

　なお、前述したところではありますが、国、地方公共団体、国際機関そのものが除外会社に入っていないため、国なども構成会社等に該当するのかという疑問が生じるかもしれませんが、これらはそもそも会社等に該当しないことから、除外会社等に該当するまでもなく構成会社等に該当しません。

ザックリポイント9

除外会社等

● 国等が持分の全部を有する会社等で、一定の政府関係会社等など（除外会社等）は、構成会社等に含まれない。

● ただし、除外会社等に該当するものを構成会社等に含めることも可能。

3 法人税額の計算方法は？

　本制度の課税標準は、各対象会計年度の課税標準国際最低課税額とされています。また、新しい用語として、「課税標準国際最低課税額」がでてきましたが、**2**において説明した「国際最低課税額」と同一の金額です（法法82の4）。

　そして税率は「90.7%」とされています（法法82の5）。

【本制度の税額計算】

本制度の法人税 ＝ 国際最低課税額（課税標準） × 90.7%（税率）

　通常の法人税の税率（23.2%）と比較するとすごく高い税率だと思われるかもしれませんが、通常の法人税は所得に対して課されるのに対し、本制度の課税標準である国際最低課税額は、子会社等が所在地国で納付した税金が基準税率（15%）に満たない税金相当額（課税標準）に対す

る税率であることから、このような高い税率となっています。

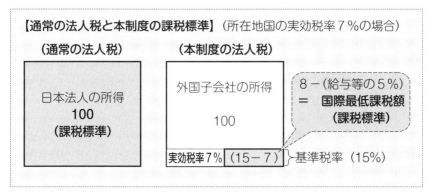

【通常の法人税と本制度の課税標準】（所在地国の実効税率７％の場合）

（通常の法人税）　　　　（本制度の法人税）

日本法人の所得
100
（課税標準）

外国子会社の所得
100

８－（給与等の５％）
＝　国際最低課税額
（課税標準）

実効税率７％　（15－7）　基準税率（15％）

　また、このあとの**4**で地方法人税の説明もしますが、実は法人税と地方法人税を合わせると、ほぼ国際最低課税額と一致しますので、実質的には税率100％であり、これを法人税と地方法人税に分割するために税率が設定されているようです。

ザックリポイント10

法人税額の計算

●　本制度の課税標準は、法令上は「課税標準国際最低課税額」とされるが、この金額は「国際最低課税額」と同額である。

●　本制度の税率は、90.7％。これを国際最低課税額に乗じて法人税額を算出する。

●　ただし、地方法人税と合わせると実質的な税率は100％であり、国際最低課税額は、その全額が国庫に納付されることになる。

4 いつから適用されるの？

　本制度は、令和6年4月1日以後に開始する対象会計年度から適用されます（令和5年改正法附則11）。

　したがって、対象会計年度が1年間ならば、令和6年4月1日から令和7年3月31日の対象会計年度が、最初に本制度が適用される対象会計年度となる可能性があります。

5 申告と納付はどうするの？

(1) 申告書の記載事項と申告期限

　本制度の申告書は、「国際最低課税額確定申告書」と定義されており（法法2三十一の二）、この本制度の申告書に以下に掲げる事項を記載し、必要な書類を添付して、対象会計年度終了の日の翌日から1年3か月以内（申告期限）に、この申告書を税務署に提出することになります（法法82の6①）。

　ただし、本制度の申告書を初めて提出する場合には、上記の申告期限が「対象会計年度終了の日の翌日から1年6か月以内」となります（法法82の6②）。

　したがって、最初に本制度が適用される対象会計年度が、令和6年4月1日から令和7年3月31日の対象会計年度であれば、初年度の特例により申告期限は令和8年9月30日となり、翌対象会計年度は原則どおり令和9年6月30日となります。

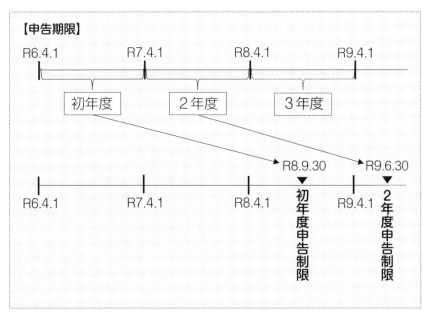

　したがって、通常の法人税に係る確定申告書の申告期限は、事業年度終了の日から2か月ですから、それから1年以上経過してから本制度の申告期限を迎えることになります。

　ただし、対象会計年度に課税標準である「課税標準国際最低課税額」がない場合には、本制度の申告書の提出は不要です（法法82の6①）。

【記載事項と添付書類】

〔記載事項〕（法法82の6①、法規38の45）

①　課税標準国際最低課税額

②　本制度の法人税額

③　①及び②の計算の基礎のほか、親会社の名称・納税地・法人番号など一定の事項

〔添付書類〕（法法82の6③、法規38の46）

①　特定多国籍グループ等の連結等財務諸表

②　①に係る勘定科目内訳明細書のほか一定の書類

⑵　本制度に係る法人税の納付

本制度の法人税は、⑴の申告期限までに、納付することになります（法法82の9）。

このように、納付期限は申告期限と連動しますから、最初に本制度が適用される対象会計年度が、令和6年4月1日から令和7年3月31日の対象会計年度であれば、初年度の納付期限の特例により納付期限も令和8年9月30日となり、翌対象会計年度は原則どおりの申告期限である令和9年6月30日となります。

ザックリポイント11

所得合算ルールの申告

● 本制度は、令和6年4月1日以後に開始する対象会計年度から適用。

● 申告期限は、対象会計年度終了の日の翌日から1年3か月以内。ただし、初めての申告は1年6か月以内。

● 本制度の申告書は「国際最低課税額確定申告書」という通常の

法人税に係る申告書とは別物。

● 　納付期限は、申告期限と同日。

● 　大法人は、e-Tax による申告が必要。

Ⅲ

特定基準法人税額に対する地方法人税

本制度（各対象会計年度の国際最低課税額に対する法人税）に対応した地方法人税も導入されています。

1 本制度に対応した地方法人税の対象は？

本制度に対応した地方法人税の納税義務者は、法人税を納める義務がある法人とされており（地方法4）、従前の地方法人税の納税義務と同一の規定により納税義務が課されます。

ただし、次の2で説明するとおり、本制度に対応した地方法人税は、本制度の法人税を実質的な課税標準としていますから、本制度の法人税の納税義務者が本制度に対応した地方法人税の納税義務者となります。

ザックリポイント12

所得合算ルールに対応した地方法人税

● 本制度に対応した地方法人税も導入されており、その課税標準は、本制度の法人税額。

● 本制度の税額（法人税）が生じれば、地方法人税も生じる。

❷ 本制度に対応した地方法人税の 課税標準・税額の計算は？

　本制度に対応した地方法人税については、その課税の対象を、課税対象会計年度の課税標準国際最低課税額に対する法人税の額（地方法人税法では「特定基準法人税額」と定義しています。）としており、Ⅱの❸で説明した課税標準国際最低課税額（国際最低課税額と同額）が課税の対象となります（地方法5②、6②）。

　また、税額標準は、上記の特定基準法人税額（地方法人税法では「課税標準特定法人税額」と定義しています。）であり（地方法24の2）、これに税率 $\frac{93}{907}$ を乗じて計算した金額が地方法人税の額となります（地方法24の3）。

　法人税法と地方法人税法の定義が入り乱れ、少し分かりにくいかもしれませんが、以下のとおり算式に置き換えれば、非常に簡単な算式になります。

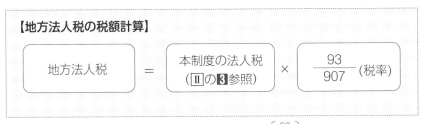

【地方法人税の税額計算】

地方法人税 ＝ 本制度の法人税（Ⅱの❸参照） × $\frac{93}{907}$（税率）

　なお、地方法人税の税率が、上記のとおり $\frac{93}{907}$ とあまり目にしないような税率になっているのは、国際最低課税額を（法人税907：地方法人税93）の比率とするためのものであり、結果として、本制度の法人税と地方法人税を合計すると国際最低課税額と一致することになります（端数処理により多少異なることもあります。）。

【国際最低課税額と税額の関係】（具体例）

※　国際最低課税額が100の場合

国際最低課税額 （100）	×	法人税の税率 （90.7%）	=	法　人　税 （90.7）
法　人　税 （90.7）	×	地方法人税の税率 （93/907）	=	地方法人税 （9.3）
法　人　税 （90.7）	+	地方法人税 （9.3）	=	国際最低課税額 （100）

ザックリポイント13

地方法人税の計算

● 本制度の地方法人税は、本制度の法人税に税率を乗じて算出するが、その税率は $\left[\dfrac{93}{907}\right]$ である。

● 本制度の法人税と地方法人税を合算すれば、国際最低課税額とほぼ一致する。

3　申告と納付はどうするの？

　本制度に対応した地方法人税の申告は、本制度（法人税）と同様に、課税標準である課税標準特定法人税額のほか一定の事項を記載し、必要

な書類を添付して、対象会計年度終了の日の翌日から1年3か月以内（初めての申告は1年6か月以内）に、税務署に提出することになります（地方法24の4）。

また、申告方法についても、特定法人（資本金の額が1億円を超える法人等）については、通常の法人税申告書と同様に、電子情報処理組織を使用する方法で申告、すなわち「e-Tax」で申告することが義務付けられています（地方法24の5）。

なお、申告書の様式は、令和6年度の税制改正で明らかになると思われますが、計算過程が簡素であり、記載項目及び添付書類が本制度と重複していることから、従前の地方法人税と同様に、本制度の「国際最低課税額申告書」の申告書に地方法人税に係る記載欄が設けられ、合わせて申告するものと考えられます。

ザックリポイント14

地方法人税の申告

● 本制度に対応した地方法人税の申告期限は、本制度と同様に、対象会計年度終了の日の翌日から1年3か月以内。ただし、初めての申告は1年6か月以内。

● 大法人は、e-Tax による申告が必要。

● 本制度に対応した地方法人税の申告は、本書執筆時点（令和5年12月末）では未定ながら、従前の地方法人税と同様に、法人税の「国際最低課税額確定申告書」で合わせて申告となることが想定される。

IV

情報提供制度

本制度の創設に当たり、特定多国籍企業グループ等報告事項等の提供制度も創設されました（法法150の3）。

　特定多国籍企業グループ等に一定の報告を求める制度ですが、財務省作成の「税制改正の解説」によれば、その目的は、本制度（各対象会計年度の国際最低課税額に対する法人税）が設けられたことを踏まえ、その租税債務の正確性を評価するために必要な情報を提供することとされています。

　なお、この情報提供制度は、上記のとおり、提出された情報が国際間で情報共有されることとなるでしょうから、英語での提出が求められていますのでご注意ください（法規68④）。

1　誰が、いつまでに、どうやって提供するの？

　この報告は、特定多国籍企業グループ等に属する構成会社等のうち我が国を所在地国とする内国法人が、対象会計年度終了の日の翌日から1年3か月以内に、税務署に対し、e-Tax で次の事項を提供することとされています（法法150の3①）。

　ただし、最初に情報提供をしなければならない場合には、申告期限と同様に、対象会計年度終了の日の翌日から1年6か月以内と提供期限が延長されます（法法150の3⑥）。

①　特定多国籍企業グループ等に属する構成会社等の名称、構成会社等の所在地国ごとの実効税率、特定多国籍企業グループ等のグループ国際最低課税額その他一定の事項

②　適用免除基準〔デミニマス〕（法法82の2⑥）や除外会社等に関する特例（法法82の3①）など、一定の規定の適用を受けようとする旨

③　除外会社等に関する特例（法法82の3①）など、一定の規定の適用

を受けることをやめようとする旨

　なお、構成会社等の中に、我が国を所在地国とする内国法人が、複数存在する場合には、それぞれが情報提供することとなりますが、基本的に記載内容は同じであり、それらの内国法人のうちの1社が、全ての内国法人を代表した情報提供（国内代表による情報提供（※））をすれば、他の構成会社等は提供をする必要はありません（法法150の3②）。

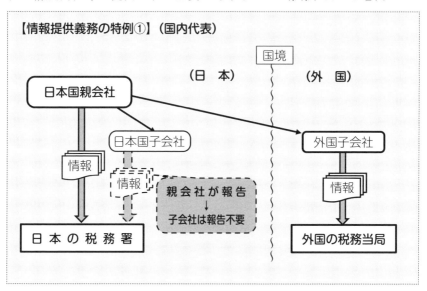

【情報提供義務の特例①】（国内代表）

※　「国内代表による情報提供」については、88ページの「🐷もうちょっと知りたい方へ⒂」において、少し詳しく説明しますので、必要に応じて参照してください。

　なお、国際最低課税額申告書は、課税標準国際最低課税額がない場合には、提出する必要がない旨を説明しましたが（Ⅱの⒌の(1)参照）、この情報提供義務は申告義務とは別に課されているものであり、申告書の提出を要しない場合であっても、この報告は必要ですからご注意ください。

　また、次の❷で説明する国際代表による場合には、国内代表をするか

どうかを問わず、国際代表を行う構成会社等以外の構成会社等は情報提供の必要がなくなります。

2　外国親会社の子会社が内国法人の場合は？（国際代表）

Ⅱの1で説明したように、所得合算ルールは国際的な合意に沿って法令化されたものですから、多数の国々において同様の制度が導入されものです。

上記1の説明は、特定多国籍企業グループ等の親会社が我が国の内国法人であることを前提にしていましたが、実際には我が国以外に親会社が所在し、子会社が我が国の内国法人である場合もあります。

このような場合、その子会社は、我が国以外を所在地とする親会社に係る特定多国籍企業グループ等の構成会社等ではありますが、原則として、子会社であっても日本の税務署に情報提供を行う義務があります。

ただし、このような場合において、親会社又は親会社が指定した指定提供会社等が所在地国の税務当局に、特定多国籍企業グループ等を代表して情報提供（国際代表による情報提供）を行い、その所在地国の税務当局が我が国の税務当局に対して情報提供を行うことができると認められるとき（※）には、その子会社は情報提供を行う必要はありません（法法150の3③）。

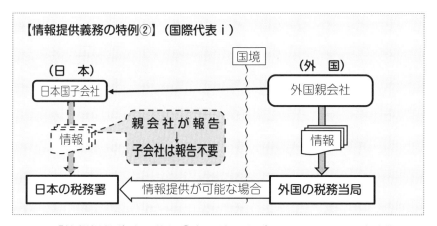

　この「情報提供義務の特例②」の適用を受けるためには、申告期限までに、最終親会社等に関する一定の情報（最終親会社等届出事項(※)）を、e-Taxにより提出しなければなりません（法法150の3④）。

　したがって、「親会社が外国法人だから報告義務はない」ということではなく、一定の手続が必要であることにご注意ください。

> ※　「その所在地国の税務当局が我が国の税務当局に対して情報提供を行うことができると認められるとき」については、89ページの「🐗もうちょっと知りたい方へ⒃」において、もう少し説明しますので、必要に応じて参照してください。

> ※　「最終親会社等届出事項」については、89ページの「🐗もうちょっと知りたい方へ⒄」において、簡単に説明しますので、必要に応じて参照してください。

　また、ここでは「外国親会社の子会社が内国法人の場合」を例として記載していますが、我が国の親会社（又は指定提供会社等）が国内の構成会社等や外国の構成会社等を代表することもできます。

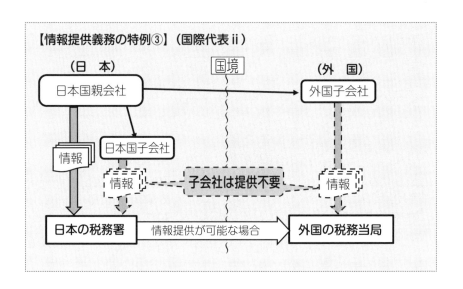

【情報提供義務の特例③】（国際代表ⅱ）

（日　本）　　　　国境　　　　（外　国）

日本国親会社　　　　　　　　　　外国子会社

情報　　　日本国子会社

情報　　　子会社は提供不要　　　情報

日本の税務署　　情報提供が可能な場合　　外国の税務当局

もうちょっと知りたい方へ⒂

○国内代表による情報提供

　国内代表による情報提供を行う場合、通常の情報提供に加えて、代表して提供する法人と、その代表により情報提供が不要となる法人のそれぞれについて、申告期限までに、e-Tax により、代表する法人の所轄税務署へ、ⅰ法人の名称、ⅱ納税地、ⅲ法人番号、ⅳ代表者の氏名を提供する必要があります（法法150の3②）。

もうちょっと知りたい方へ⒃

○その所在地国の税務当局が我が国の税務当局に対して情報提供を
　行うことができると認められるとき

　本文で説明した国際代表をするための要件である「その所在地国
の税務当局が我が国の税務当局に対して情報提供を行うことができ
ると認められるとき」とは、次に掲げる場合のいずれにも該当する
場合をいいます（法令212③④）。

ⅰ　申告期限までに最終親会社等の所在地国の税務当局に、その特
　　定多国籍企業グループ等に係る情報提供がある場合

ⅱ　財務大臣と最終親会社等の所在地の税務当局との間で適格当局
　　間合意（情報提供を行うことや提供時期、提供方法などの合意）
　　がある場合

もうちょっと知りたい方へ⒄

○最終親会社等届出事項

　最終親会社等届出事項は、以下のとおりです（法規68⑧）。

・　最終親会社等の名称、所在地国

・　最終親会社等の本店等の所在地など

・　最終親会社等の法人番号、代表者の氏名

ザックリポイント15

情報提供制度

● 特定多国籍企業グループ等に属する内国法人は、対象会計年度ごとに、その特定多国籍企業グループ等に属する構成会社等の名称などの一定の情報を、その内国法人ごとに、税務署に提供しなければならない。

● この情報提供は、対象会計年度終了の日の翌日から1年3か月（最初の情報提供の場合は1年6か月）以内に、e-Taxで提供しなければならない。

● また、この情報提供は、英語で行わなければならない。

● ただし、内国法人である構成会社等は、個々に情報提供を行う義務を負うが、次のような特例がある。

| i | 国内代表 | 内国法人が複数ある場合には、そのうちの1社が内国法人を代表して情報提供を行えば、その他の内国法人は情報提供を要しない。 |
| ii | 国際代表 | 最終親会社等又は指定提供会社等が特定他国籍企業グループ等を代表して情報提供を行えば、その他の構成会社等は情報提供を要しない。 |

● 上記ⅱの特例の適用を受けるには、申告期限までに、最終親会社等届出事項を、e-Taxにより提出しなければならない。

● 本制度に係る法人税の申告の必要がなくても、情報提供は必要。

V

参考資料

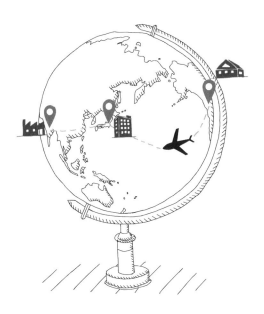

1 令和6年度税制改正の大綱 （抜すい）

　本書執筆中の令和5年12月22日に、「令和6年度税制改正の大綱」が閣議決定されました。

　その中で、本制度についても、改正事項がありましたので参考として掲載いたします。

　ただし、内容的には、適用免除要件の追加などもありますが、本制度の根本部分の改正ではありませんので、根本部分に特化して説明している本書の内容に大きな影響はないと考えられます。

五　国際課税

　1　各対象会計年度の国際最低課税額に対する法人税等の見直し

（国税）

　各対象会計年度の国際最低課税額に対する法人税等について、次の見直しを行うこととする。

⑴　構成会社等がその所在地国において一定の要件を満たす自国内最低課税額に係る税を課することとされている場合には、その所在地国に係るグループ国際最低課税額を零とする適用免除基準を設ける。

⑵　無国籍構成会社等が自国内最低課税額に係る税を課されている場合には、グループ国際最低課税額の計算においてその税の額を控除する。

⑶　個別計算所得等の金額から除外される一定の所有持分の時価評価損益等について、特定多国籍企業グループ等に係る国又は地域単位の選択により、個別計算所得等の金額に含める。

⑷　導管会社等に対する所有持分を有することにより適用を受ける

ことができる税額控除の額（一定の要件を満たすものに限る。）について、特定多国籍企業グループ等に係る国又は地域単位の選択により、調整後対象租税額に加算する。

(5) 特定多国籍企業グループ等報告事項等の提供制度について、特定多国籍企業グループ等報告事項等を、提供義務者の区分に応じて必要な事項等に見直す。

(6) 外国税額控除について、次の見直しを行う。

① 次に掲げる外国における税について、外国税額控除の対象から除外する。

イ 各対象会計年度の国際最低課税額に対する法人税に相当する税

ロ 外国を所在地国とする特定多国籍企業グループ等に属する構成会社等に対して課される税（グループ国際最低課税額に相当する金額のうち各対象会計年度の国際最低課税額に対する法人税に相当する税の課税標準とされる金額以外の金額を基礎として計算される金額を課税標準とするものに限る。）又はこれに相当する税

② 自国内最低課税額に係る税について、外国税額控除の対象とする。

(7) その他所要の措置を講ずる。

　なお、上記のとおり、閣議決定された政府の税制改正の大綱（令和6年度）では、前年度の税制改正大綱（Ⅰの❶（2ページ）を参照してください。）においてOECD／G20「BEPS包摂的枠組み」という国際的な合意に含まれ、令和6年度の税制改正以降で法制化が見込まれていたグローバル・ミニマム課税のうちの「②軽課税所得ルール（UTPR）」及び「③国内ミニマム課税（QDMTT）」については、何も触れられていません。

その一方で、与党の税制改正大綱（令和5年12月14日付）においては、政府の税制改正大綱では記載のない「令和6年度税制改正の基本的考え方」が記載されており、その内容からすれば、令和6年度の税制改正においては「各対象会計年度の国際最低課税額に対する法人税等の見直し」を実施するが、OECDにおいて来年以降も引き続き実施細目が議論される見込みであることから、「②軽課税所得ルール（UTPR）」及び「③国内ミニマム課税（QDMTT）」については、令和7年度以降の法制化となるようです。

○　**令和6年度税制改正大綱（抜すい）**

（令和5年12月14日　自由民主党・公明党）

第一　令和6年度税制改正の基本的得考え方

3　経済社会の構造変化を踏まえた税制の見直し

⑶　グローバル化を踏まえた税制の見直し

①　新たな国際課税ルールへの対応

・・・・・。

令和6年度税制改正において、所得合算ルール（IIR：Income Inclusion Rule）については、OECDにより発出されたガイダンスの内容や、国際的な議論の内容を踏まえた制度の明確化等の観点から、所要の見直しを行う。国内ミニマム課税（QDMTT：Qualified Domestic Minimum Top-up Tax）を含め、OECDにおいて来年以降も引き続き実施細目が議論される見込みであるもの等については、国際的な議論を踏まえ、令和7年度税制改正以降の法制化を検討する。

・・・・・。

2 ザックリポイント（まとめ）

　本書では、説明が一区切りついたところで、ザックリと制度を理解していただくため「ザックリポイント」を1から15まで記載しておりました。

　ここでは、このザックリポイントをまとめて記載しておりますので、通して読んでいただければ、最後におさらいをしていただけます。

1　所得合算ルール導入の経緯

- 　経済の変化や各国の課税ルールのズレなどにより生じた国際課税上の問題を解消するため、OECDがBEPSプロジェクトを立ち上げ。

- 　このBEPSプロジェクトによる国際的な検討により、2022年10月にOECD／G20「BEPS 包摂的枠組み」という国際的な合意がまとめられた。

- 　この国際的な合意は、第1の柱（市場国への新たな課税権の配分）と第2の柱（グローバルミニマム課税）の2つの柱からなっている。

- 　さらに、第2の柱は「所得合算ルール（IIR）」「軽課税所得ルール（UTPR）」と「国内ミニマム課税（QDMTT）」に分かれている。

- 　令和5年度の税制改正では、第2の柱のうち「所得合算ルール（IIR）」が法制化された。

- 　今後、第1の柱については租税条約が締結され、第2の柱のうち「軽課税所得ルール（UTPR）」と「国内ミニマム課税（Q

ＤＭＴＴ）」が法制化される予定となっている。

2 所得合算ルールとは

● 　所得合算ルールという名称であるが、実際に外国子会社の所得を親会社に合算する制度ではない。

● 　所得合算ルールとは、軽課税国における子会社（又は支店等）の税負担割合が15％に満たない場合に、その満たない部分を日本の親会社に対して上乗せ課税するもの。

● 　したがって、軽課税国に子会社や恒久的施設がない場合、所得合算ルールの適用はない。

3 所得合算ルールの適用対象

● 　我が国の所得合算ルール（本制度）の適用対象となるのは、「特定多国籍企業グループ等」である。

● 　本制度の納税義務者は、「特定多国籍企業グループ等に属する内国法人」とされ、通常は我が国の親会社が納税する。

● 　特定多国籍企業グループ等に該当するかどうかは以下のとおりの段階を踏んで判定する。

① 　我が国の親会社が連結財務諸表を作成する場合に連結対象となる親会社と子会社（恒久的施設等を含む。）で構成するものが「企業グループ等」に該当。

② 　企業グループ等のうち、子会社が外国にあるものが「多国籍企業グループ等」に該当。

③ 　多国籍企業グループ等のうち、過去４対象会計年度のうち２対象会計年度以上の総収入金額が７億5,000万ユーロ（１ユーロ140円とすれば1,050億円）以上のものが「特定多国籍企業グループ等に該当。

4　所得合算ルールの課税標準

● 我が国の所得合算ルール（本制度）の課税標準は「国際最低課税額」。

● 国際最低課税額は、「グループ国際最低課税額」、「会社等別国際最低課税額」、「実効税率」などを基礎として、複雑な計算により算出する。

● 国際最低課税額の計算は、海外子会社が負担する現地での税金が、基準税率（15％に不足する税金相当額）に不足する額を計算するもの。

● 国際最低課税額の計算過程は二段階に分かれている。

〔第一段階〕いずれの国に、国際最低課税額が存在するかをみて、これらを合計したグループ国際最低課税額を算出する。

〔第二段階〕個々の会社等ごとに計算した会社等別国際最低課税額のうち、親会社の持分に応じた金額を算出し、これを合計して国際最低課税額を算出する。

5　グループ国際最低課税額

● 「グループ国際最低課税額」は、「構成会社等に係るグループ国際最低課税額」と「共同支配会社等に係るグループ国際最低課税額」の合計額。

● 共同支配会社等は、いわゆるジョイントベンチャー（ＪＶ）のことであり、構成会社等と比べ連結等財務諸表への反映方法が違う。

● 構成会社等に係るグループ国際最低課税額の計算は、実効税率が基準税率を下回るかどうかなど、さまざまな場合ごとに算出した金額を合算して行う。

● 比較的分かりやすいケースとして「実効税率が基準税率を下回り、国別グループ純所得の金額がある場合」における構成会社等に係るグループ国際最低課税額は、次のとおり算出。

① 構成会社等を国別にグループ分けする。

② ①によりグループ分けした国ごとに、構成会社等の個別所得と個別損失を通算する。

③ ②で通算した金額から、それらの構成会社等における給与等の金額の５％（実質ベース所得除外額）を控除する。

④ ③の金額に、基準税率から、その国の実効税率を引いた割合（15％－実効税率）を乗じて当期国別国際最低課税額を算出する。

⑤ ④の金額に、過去の対象年度の再計算により生じる調整額などを加減算する。

⑥ 国別に計算した⑤の金額を合計する。

● 共同支配会社等に係るグループ国際最低課税額も構成会社等に係るグループ国際最低課税額と同様に計算。

6 会社等別国際最低課税額

● 「会社等別国際最低課税額」は、当期国別国際最低課税額にグループ国際最低課税額とは異なる調整を行った上で、これを個別所得のある個々の構成会社等ごとに配分して算出。

7 国際最低課税額

● 「国際最低課税額」は、個々の会社等ごとに計算した「会社等別国際最低課税額」に親会社に帰せられる割合（帰属割合）を乗じて計算した金額を特定多国籍企業グループ等の全体で合計した金額。

8　適用免除基準

● 　一定の基準を満たせば、所在地国単位で本制度の適用を受けなくなる適用免除基準がある。

● 　適用免除基準は、恒久的な措置と時限的な措置があり、収入金額や利益金額が一定の金額に満たないといった要件をクリアすれば適用できる。

● 　適用免除基準を受けるためには、一定の報告義務を満たさなければならない。

9　除外会社等

● 　国等が持分の全部を有する会社等で、一定の要件を満たす政府関係会社等などは、構成会社等に含めないことができる。

● 　ただし、除外会社等に該当するものを構成会社等に含めることも可能。

10　法人税額の計算

● 　本制度の課税標準は、法令上は、「課税標準国際最低課税額」であるが、この金額は「国際最低課税額」と同額。

● 　本制度の税率は、90.7％。これを国際最低課税額に乗じて法人税額を算出する。

● 　ただし、地方法人税と合わせると実質的な税率は100％であり、国際最低課税額は、その全額が国庫に納付されることになる。

11　所得合算ルールの申告

● 　本制度は、令和6年4月1日以後に開始する対象会計年度から適用。

- 申告期限は、対象会計年度終了の日の翌日から1年3か月以内。ただし、初めての申告は1年6か月以内。
- 本制度の申告書は「国際最低課税額確定申告書」という通常の法人税に係る申告書とは別物。
- 納付期限は、申告期限と同日。
- 大法人は、e-Tax による申告が必要。

12　所得合算ルールに対応した地方法人税

- 本制度に対応した地方法人税も導入されており、その課税標準は、本制度の法人税額。
- 本制度の税額（法人税）が生じれば、地方法人税も生じる。

13　地方法人税の計算

- 本制度の地方法人税は、本制度の法人税に税率を乗じて算出するが、その税率は $\dfrac{93}{907}$ である。
- 本制度の法人税と地方法人税を合算すれば、国際最低課税額とほぼ一致する。

14　地方法人税の申告

- 本制度に対応した地方法人税の申告期限は、本制度と同様に、対象会計年度終了の日の翌日から1年3か月以内。ただし、初めての申告は1年6か月以内。
- 大法人は、e-Tax による申告が必要。
- 本制度に対応した地方法人税の申告は、本書執筆時点（令和5年12月末）では未定ながら、従前の地方法人税と同様に、法人税の「国際最低課税額確定申告書」で合わせて申告となることが想定される。

15 情報提供制度

● 特定多国籍企業グループ等に属する内国法人は、対象会計年度ごとに、その特定多国籍企業グループ等に属する構成会社等の名称などの一定の情報を、その内国法人ごとに、税務署に提供しなければならない。

● この情報提供は、対象会計年度終了の日の翌日から1年3か月（最初の情報提供の場合は1年6か月）以内に、e-Taxで提供しなければならない。

● この情報提供は、英語で行わなければならない。

● 内国法人である構成会社等は、個々に情報提供を行う義務を負うが、次のような特例がある。

| ⅰ | 国内代表 | 内国法人が複数ある場合には、そのうちの1社が内国法人を代表して情報提供を行えば、その他の内国法人は情報提供を要しない。 |
| ⅱ | 国際代表 | 最終親会社等又は指定提供会社等が特定他国籍企業グループ等を代表して情報提供を行えば、その他の構成会社等は情報提供を要しない。 |

● 上記ⅱの特例の適用を受けるには、申告期限までに、最終親会社等届出事項を、e-Taxにより提出しなければならない。

● 本制度に係る法人税の申告の必要がなくても、情報提供は必要。

VI

参考法令

令和5年3月に公布された「所得税法等の一部を改正する法律（令和5年法律第3号）」のうち、本制度に関する法人税法の規定（関係する附則を含みます。）とその法人税法施行令及び法人税法施行規則及び地方法人税に係る参考法令を掲載しています。

本制度の法令はあまりに多く、全て掲載することはできませんので、本文で引用している法令のうち重要と考えられる部分を抜すいして掲載しましたので参考としてください。

なお、地方法人税法及び租税特別措置法については、本文で引用している部分もありますが、誌面の都合もあり、掲載は省略しています。

○ 法人税法（抜すい）

（定　義）
第2条 この法律において、次の各号に掲げる用語の意義は、当該各号に定めるところによる。
　　一～三十一　（省　略）
　　三十一の二　国際最低課税額確定申告書　第82条の6第1項《国際最低課税額に係る確定申告》の規定による申告書（当該申告書に係る期限後申告書を含む。）をいう。
　　三十二～四十四　（省　略）

第4条 内国法人は、この法律により、法人税を納める義務がある。ただし、公益法人等又は人格のない社団等については、収益事業を行う場合、法人課税信託の引受けを行う場合、第82条第4号《定義》に規定する特定多国籍企業グループ等に属する場合又は第84条第1項《退職年金等積立金の額の計算》に規定する退職年金業務等を行う場合に限る。
2～4　（省　略）

（内国法人の国際最低課税額の課税）
第6条の2 第82条第4号《定義》に規定する特定多国籍企業グループ等に属する内国法人に対しては、第5条《内国法人の課税所得の範囲》の規定により課する法人税のほか、各対象会計年度の第82条の2第1項《国際最低課税額》に規定する国際最低課税額について、各対象会計年度の国際最低課税額に対する法人税を課する。

（対象会計年度の意義）
第15条の2 この法律において「対象会計年度」とは、第82条第3号《定義》に規定する多国籍企業グループ等の同条第10号に規定する最終親会社等の同条第1号に規定する連結等財務諸表の作成に係る期間をいう。

（定　義）
第82条 この章において、次の各号に掲げる用語の意義は、当該各号に定めるところによる。
　　一　連結等財務諸表　次に掲げるものをいう。

イ　特定財務会計基準（国際的に共通した会計処理の基準として財務省令で定めるものその他これに準ずるものとして財務省令で定めるものをいう。以下この号において同じ。）又は適格財務会計基準（最終親会社等（第15号イに掲げる共同支配会社等を含む。）の所在地国において一般に公正妥当と認められる会計処理の基準（特定財務会計基準を除く。）をいう。以下この号において同じ。）に従って企業集団の財産及び損益の状況を連結して記載した計算書類

ロ　イに掲げる計算書類が作成されていない企業集団につき、特定財務会計基準又は適格財務会計基準に従ってその企業集団の暦年の財産及び損益の状況を連結して記載した計算書類を作成するとしたならば作成されることとなる計算書類

ハ　特定財務会計基準又は適格財務会計基準に従って会社等（会社、組合その他これらに準ずる事業体（外国におけるこれらに相当するものを含む。）をいう。以下この節において同じ。）（次号イに掲げる企業集団に属するものを除く。ニにおいて同じ。）の財産及び損益の状況を記載した計算書類

ニ　ハに掲げる計算書類が作成されていない会社等につき、特定財務会計基準又は適格財務会計基準に従って当該会社等の暦年の財産及び損益の状況を記載した計算書類を作成するとしたならば作成されることとなる計算書類

二　企業グループ等　次に掲げるものをいう。

イ　次に掲げる会社等に係る企業集団のうち、最終親会社（他の会社等の支配持分を直接又は間接に有する会社等（他の会社等がその支配持分を直接又は間接に有しないものに限る。）をいう。）に係るもの

⑴　前号イに掲げる計算書類にその財産及び損益の状況が連結して記載される会社等その他の政令で定める会社等

⑵　前号ロに掲げる計算書類にその財産及び損益の状況が連結して記載されることとなる会社等その他の政令で定める会社等

ロ　会社等（イに掲げる企業集団に属するものを除く。）のうち、当該会社等の恒久的施設等の所在地国が当該会社等の所在地国以外の国又は地域であるもの

三　多国籍企業グループ等　次に掲げる企業グループ等をいう。

イ　前号イに掲げる企業グループ等に属する会社等の所在地国（当該会社等の恒久的施設等がある場合には、当該恒久的施設等の所在地国を含む。）が二以上ある場合の当該企業グループ等その他これに準ずるものとして政令で定めるもの

ロ　前号ロに掲げる企業グループ等

四　特定多国籍企業グループ等　多国籍企業グループ等のうち、各対象会計年度の直前の四対象会計年度のうち二以上の対象会計年度において、その総収入金額として財務省令で定める金額が７億5,000万ユーロ（当該四対象会計年度のうち、対象会計年度の期間が１年でないものにあっては、その期間に応じ政令で定めるところにより計算した金額）を財務省令で定めるところにより本邦通貨表示の金額に換算した金額以上であるものその他これに準ずるものとして政令で定める多国籍企業グループ等をいう。

五　導管会社等　会社等に係る収入等（収入若しくは支出又は利益若しくは損失をいう。以下この号において同じ。）の全部が次に掲げるもののいずれかに該当する場合における当該会社等をいう。

イ　会社等（その設立国（会社等の設立された国又は地域をいう。以下この号、第7号及び第14号ハにおいて同じ。）以外の国又は地域の租税に関する法令において、当該国又は地域に本店若しくは主たる事務所又はその事業が管理され、かつ、支配されている場所を有することその他当該国又は地域にこれらに類する場所を有することにより、対象租税を課することとされるものを除く。）に係る収入等のうち、その設立国の租税に関する法令において、当該会社等の構成員の収入等として取り扱われるもの

ロ　会社等（次に掲げる要件のいずれかを満たすものを除く。ロにおいて同じ。）に係る収入等のうち、当該会社等の構成員の所在する国又は地域の租税に関する法令において当該構成員の収入等として取り扱われることその他の政令で定める要件を満たすもの（イに掲げるものを除く。）

⑴　いずれかの国又は地域の租税に関する法令において、当該国又は地域に本店若しくは主たる事務所又はその事業が管理され、かつ、支配されている場所を有することその他当該国又は地域にこれらに類する場所を有することにより、対象租税又は自国内最低課税額に係る税を課することとされること。

⑵　その設立国に事業を行う場所を有すること。

六　恒久的施設等　会社等の所在地国以外の国又は地域（以下この号及び次号ハにおいて「他方の国」という。）において当該会社等の事業が行われる場合における次に掲げる場所をいう。

イ　条約等（当該所在地国と当該他方の国との間の所得に対する租税に関する二重課税の回避のための国際約束又はこれに類するものをいう。イ及びロにおいて同じ。）がある場合において、当該条約等に基づいて当該他方の国における恒久的施設又はこれに相当するものとして取り扱われる事業が行われる場所（当該条約等において当該事業が行われる場所とみなされるものを含むものとし、当該条約等（当該事業から生ずる所得の範囲を定める条約等であって、国際的に広く用いられる方法により当該所得の範囲を定めるものとして財務省令で定めるものに限る。）において当該他方の国が当該恒久的施設又はこれに相当するものを通じて行われる事業から生ずる所得に対して租税を課することとされるものに限る。）

ロ　条約等がない場合において、当該他方の国の租税に関する法令において当該他方の国において当該会社等の事業が行われる場所を通じて行われる事業から生ずる所得に対して租税を課することとされるときにおける当該事業が行われる場所（当該他方の国の租税に関する法令において当該事業が行われる場所とみなされるものを含む。）

ハ　当該他方の国に法人の所得に対して課される租税が存在しない場合において、当該他方の国において第2条第12号の19《定義》中「いう。ただし、我が国が締結した所得に対する租税に関する二重課税の回避又は脱税の防止のための条約において次に掲げるものと異なる定めがある場合には、その条約の適用を受ける外国法人については、その条約において恒久的施設と定められたもの（国内にあるものに限る。）とする」とあるのを「いう」と読み替えた場合における恒久的施設に相当するものに該当する当該事業が行われる場所（その読み替えられた同号ハに掲げるものに相当するものを含む。）（当該事業から生ずる所得の全部又は一部が第138条第1項第1号《国内源泉所得》に掲げる国内源

泉所得に相当する所得に該当するものに限る。）

　　　ニ　当該他方の国において当該会社等の事業が行われる場所がイからハまでに掲
　　　　げる場所に該当しない場合において、当該所在地国の租税に関する法令におい
　　　　て当該事業が行われる場所を通じて行われる事業から生ずる所得に対して租税
　　　　を課することとされないときにおける当該事業が行われる場所（当該所在地国
　　　　の租税に関する法令において当該事業が行われる場所とみなされるものを含
　　　　む。）

　七　（省　略）

　八　所有持分　連結等財務諸表の作成に用いる会計処理の基準によって会社等の純
　　資産の部に計上される当該会社等に対する持分のうち利益の配当を受ける権利又
　　はこれに準ずるものとして政令で定める権利が付されたものをいい、会社等の恒
　　久的施設等がある場合においては、当該会社等は当該恒久的施設等に対する所有
　　持分を有するものとみなす。

　九　（省　略）

　十　最終親会社　次に掲げるものをいう。

　　　イ　第２号イに規定する最終親会社

　　　ロ　第２号ロに掲げる会社等

　十一　中間親会社等　特定多国籍企業グループ等に属する構成会社等（恒久的施設
　　等に該当するものを除く。）のうち、当該特定多国籍企業グループ等に属する他
　　の構成会社等又は当該特定多国籍企業グループ等に係る共同支配会社等に対する
　　所有持分を直接又は間接に有する構成会社等（最終親会社等、被部分保有親会社
　　等及び各種投資会社等を除く。）をいう。

　十二　（省　略）

　十三　構成会社等　次に掲げるものをいう。

　　　イ　企業グループ等（第２号イに掲げるものに限る。）に属する会社等（除外会
　　　　社等を除く。）

　　　ロ　イに掲げる会社等の恒久的施設等

　　　ハ　第２号ロに掲げる会社等（除外会社等を除く。）

　　　ニ　ハに掲げる会社等の恒久的施設等

　十四　除外会社等　次に掲げる会社等をいう。

　　　イ　政府関係会社等（国若しくは地方公共団体又は外国政府若しくは外国の地方
　　　　公共団体（イにおいて「国等」という。）がその持分の全部を直接又は間接に
　　　　有する会社等であって、国等が本来果たすべき役割を担うこと又は国等の資産
　　　　を運用することを主たる目的とすることその他の政令で定める要件を満たすも
　　　　のをいう。）

　　　ロ　国際機関関係会社等（国際機関のみによって保有される会社等をいう。）

　　　ハ　非営利会社等（専ら宗教、慈善、学術、技芸、教育その他の公益を目的とす
　　　　る会社等であってその設立国における租税に関する法令において当該公益を目
　　　　的とする活動から生ずる所得（収益事業から生ずる所得以外の所得に限る。）
　　　　に対して法人税又は法人税に相当する税を課することとされないことその他の
　　　　政令で定める要件を満たすものその他これに類する会社等として政令で定める
　　　　ものをいう。）

　　　ニ　年金基金（次に掲げる会社等をいう。）

⑴　主として退職年金、退職手当その他これらに類する報酬を管理し、又は給付することを目的として運営されることその他の政令で定める要件を満たす会社等

⑵　⑴に掲げる会社等のために事業を行うものとして政令で定める会社等

ホ　最終親会社等である第16号イに規定する投資会社等又は最終親会社等である同号ロに規定する不動産投資会社等

ヘ　一又は二以上のイからホまでに掲げる会社等その他の政令で定めるもの（ニ⑵に掲げる会社等を除く。ヘにおいて「保有会社等」という。）との間に当該保有会社等による持分の所有その他の事由を通じた密接な関係があるものとして財務省令で定める会社等

十五　共同支配会社等　次に掲げるものをいう。

イ　最終親会社等の連結等財務諸表において会社等が有する持分に応じた金額を連結等財務諸表に反映させる方法として財務省令で定める方法が適用され、又は適用されることとなる会社等で、当該最終親会社等が、その有する当該会社等に対する所有持分に係る権利に基づき受けることができる金額及び他の会社等を通じて間接に有する当該会社等に対する所有持分に係る権利に基づき受けることができる金額の合計額が、当該会社等に対する所有持分に係る権利に基づき受けることができる金額の総額のうちに占める割合として政令で定めるところにより計算した割合が100分の50以上であるもの（特定多国籍企業グループ等の最終親会社等その他の政令で定めるものを除く。）

ロ　イに掲げる会社等の連結等財務諸表にその財産及び損益の状況が連結して記載され、又は記載されることとなる会社等（除外会社等を除く。）

ハ　イ又はロに掲げる会社等の恒久的施設等

十六　各種投資会社等　次に掲げるものをいう。

イ　投資会社等（複数の者から出資又は拠出を受けた金銭その他の財産を運用することを目的とする会社等として政令で定める会社等をいう。ハ及びニにおいて同じ。）

ロ　不動産投資会社等（複数の者から出資又は拠出を受けた金銭その他の財産を主として不動産に対する投資として運用することを目的とする会社等として政令で定める会社等をいう。ハ及びニにおいて同じ。）

ハ　投資会社等又は不動産投資会社等が直接又は間接に有する会社等として政令で定める会社等その他これに類するものとして政令で定める会社等

ニ　保険投資会社等（投資会社等又は不動産投資会社等に類するもののうち、その所在地国において保険業を行う会社等がその持分の全てを有することその他の政令で定める要件を満たすものをいう。）

十七　無国籍会社等　会社等又は恒久的施設等のうち所在地国がないものをいう。

十八　無国籍構成会社等　構成会社等のうち無国籍会社等に該当するものをいう。

十九～二十五　（省　略）

二十六　個別計算所得等の金額　国又は地域における実効税率を計算するための基準とすべき所得の金額として構成会社等又は共同支配会社等の各対象会計年度の当期純損益金額（各対象会計年度に係る特定連結等財務諸表（構成会社等にあってはイに掲げる連結等財務諸表をいい、共同支配会社等にあってはロに掲げる連結等財務諸表をいう。）の作成の基礎となる当該構成会社等又は当該共同支配会

社等の当期純利益又は当期純損失の金額として政令で定める金額をいう。第30号において同じ。）その他の事情を勘案して政令で定めるところにより計算した金額をいう。

　　イ　当該構成会社等に係る最終親会社等の連結等財務諸表
　　ロ　当該共同支配会社等に係る第15号イに掲げる共同支配会社等の連結等財務諸表

二十七　個別計算所得金額　個別計算所得等の金額が零を超える場合における当該零を超える額をいう。

二十八　個別計算損失金額　次に掲げる場合の区分に応じそれぞれ次に定める額をいう。

　　イ　個別計算所得等の金額が零である場合　零
　　ロ　個別計算所得等の金額が零を下回る場合　当該零を下回る額

二十九　（省　略）

三十　調整後対象租税額　国又は地域における実効税率を計算するための基準とすべき税の額として構成会社等又は共同支配会社等の各対象会計年度の当期純損益金額に係る対象租税の額その他の事情を勘案して政令で定めるところにより計算した金額をいう。

三十一　自国内最低課税額に係る税　我が国以外の国又は地域の租税に関する法令において、当該国又は地域を所在地国とする特定多国籍企業グループ等に属する構成会社等に対して課される税（当該国又は地域における次条第2項第1号イ(3)に規定する国別実効税率に相当する割合が同号に規定する基準税率に満たない場合のその満たない部分の割合を基礎として計算される金額を課税標準とするものに限る。）又はこれに相当する税をいう。

三十二　特定多国籍企業グループ等報告事項等　第150条の3第1項《特定多国籍企業グループ等報告事項等の提供》に規定する特定多国籍企業グループ等報告事項等をいう。

（国際最低課税額）

第82条の2　この章において「国際最低課税額」とは、特定多国籍企業グループ等に属する構成会社等である内国法人の各対象会計年度に係る当該特定多国籍企業グループ等のグループ国際最低課税額（構成会社等に係るグループ国際最低課税額と共同支配会社等に係るグループ国際最低課税額とを合計した金額をいう。）のうち、当該特定多国籍企業グループ等に属する構成会社等（その所在地国が我が国であるものを除く。）又は当該特定多国籍企業グループ等に係る共同支配会社等（その所在地国が我が国であるものを除く。）の個別計算所得金額に応じて当該構成会社等又は当該共同支配会社等に帰属する金額として政令で定めるところにより計算した金額（以下この項において「会社等別国際最低課税額」という。）について、次の各号に掲げる当該構成会社等又は当該共同支配会社等の区分に応じ当該各号に定めるところにより計算した金額を合計した金額をいう。

一　構成会社等（恒久的施設等に該当するものを除く。）　次に掲げる構成会社等の区分に応じそれぞれ次に定めるところにより計算した金額

　　イ　当該内国法人（当該特定多国籍企業グループ等の最終親会社等、中間親会社等（当該構成会社等に係る各対象会計年度の国際最低課税額に対する法人税又

は外国におけるこれに相当する税を課することとされる最終親会社等がある場合における中間親会社等その他の政令で定めるものを除く。ロ及び次号において同じ。）又は被部分保有親会社等（当該構成会社等に係る各対象会計年度の国際最低課税額に対する法人税又は外国におけるこれに相当する税を課することとされる他の被部分保有親会社等が当該被部分保有親会社等の持分の全部を直接又は間接に有する場合における当該被部分保有親会社等を除く。ロ及び同号において同じ。）に限るものとし、その所在地国が我が国でないものを除く。以下この号及び次号において同じ。）がその所有持分を直接又は間接に有する構成会社等（ロに掲げるものを除く。） 当該構成会社等の当該対象会計年度に係る会社等別国際最低課税額に帰属割合（所有持分その他の事情を勘案して当該内国法人に帰せられる割合として政令で定めるところにより計算した割合をいう。ロにおいて同じ。）を乗じて計算した金額

ロ 当該内国法人がその所有持分を他の構成会社等を通じて間接に有する構成会社等（当該他の構成会社等（当該構成会社等の中間親会社等又は被部分保有親会社等に限る。）が当該構成会社等の当該対象会計年度に係る国際最低課税額等（当該対象会計年度に係る国際最低課税額及び外国におけるこれに相当するものをいう。以下この項において同じ。）を有する場合における当該構成会社等に限る。） 当該構成会社等の当該対象会計年度に係る会社等別国際最低課税額に帰属割合を乗じて計算した金額から当該計算した金額のうち当該他の構成会社等に帰せられる部分の金額として政令で定めるところにより計算した金額を控除した残額

二 構成会社等のうち恒久的施設等に該当するもの 次に掲げる恒久的施設等の区分に応じそれぞれ次に定めるところにより計算した金額

イ 当該内国法人の恒久的施設等 当該恒久的施設等の当該対象会計年度に係る会社等別国際最低課税額に100分の100を乗じて計算した金額

ロ 当該内国法人がその所有持分を直接又は間接に有する構成会社等の恒久的施設等（ハ及びニに掲げるものを除く。） 当該恒久的施設等の当該対象会計年度に係る会社等別国際最低課税額に帰属割合（所有持分その他の事情を勘案して当該内国法人に帰せられる割合として政令で定めるところにより計算した割合をいう。以下この号において同じ。）を乗じて計算した金額

ハ 当該内国法人がその所有持分を直接又は間接に有する構成会社等の恒久的施設等（当該構成会社等（当該恒久的施設等の中間親会社等又は被部分保有親会社等に限る。）が当該恒久的施設等の当該対象会計年度に係る国際最低課税額等を有する場合における当該恒久的施設等に限る。） 当該恒久的施設等の当該対象会計年度に係る会社等別国際最低課税額に帰属割合を乗じて計算した金額から当該計算した金額のうち当該構成会社等に帰せられる部分の金額として政令で定めるところにより計算した金額を控除した残額

ニ 当該内国法人がその所有持分を他の構成会社等を通じて間接に有する構成会社等の恒久的施設等（当該他の構成会社等（当該構成会社等の中間親会社等又は被部分保有親会社等に限る。）が当該恒久的施設等の当該対象会計年度に係る国際最低課税額等を有する場合における当該恒久的施設等に限るものとし、ハに掲げるものを除く。） 当該恒久的施設等の当該対象会計年度に係る会社等別国際最低課税額に帰属割合を乗じて計算した金額から当該計算した金額のう

　　　ち当該他の構成会社等に帰せられる部分の金額として政令で定めるところにより計算した金額を控除した残額

　三　共同支配会社等（次号に掲げるものを除く。）　次に掲げる共同支配会社等の区分に応じそれぞれ次に定めるところにより計算した金額

　　イ　当該内国法人（当該特定多国籍企業グループ等の最終親会社等、中間親会社等（当該共同支配会社等に係る各対象会計年度の国際最低課税額に対する法人税又は外国におけるこれに相当する税を課することとされる最終親会社等がある場合における中間親会社等その他の政令で定めるものを除く。ロ及び次号において同じ。）又は被部分保有親会社等（当該共同支配会社等に係る各対象会計年度の国際最低課税額に対する法人税又は外国におけるこれに相当する税を課することとされる他の被部分保有親会社等が当該被部分保有親会社等の持分の全部を直接又は間接に有する場合における当該被部分保有親会社等を除く。ロ及び同号において同じ。）に限るものとし、その所在地国が我が国でないものを除く。以下この号及び次号において同じ。）がその所有持分を直接又は間接に有する共同支配会社等（ロに掲げるものを除く。）　当該共同支配会社等の当該対象会計年度に係る会社等別国際最低課税額に帰属割合（所有持分その他の事情を勘案して当該内国法人に帰せられる割合として政令で定めるところにより計算した割合をいう。ロにおいて同じ。）を乗じて計算した金額

　　ロ　当該内国法人がその所有持分を構成会社等を通じて間接に有する共同支配会社等（当該構成会社等（当該共同支配会社等の中間親会社等又は被部分保有親会社等に限る。）が当該共同支配会社等の当該対象会計年度に係る国際最低課税額等を有する場合における当該共同支配会社等に限る。）　当該共同支配会社等の当該対象会計年度に係る会社等別国際最低課税額に帰属割合を乗じて計算した金額から当該計算した金額のうち当該構成会社等に帰せられる部分の金額として政令で定めるところにより計算した金額を控除した残額

　四　共同支配会社等（前条第15号ハに掲げるものに限る。）　次に掲げる恒久的施設等の区分に応じそれぞれ次に定めるところにより計算した金額

　　イ　当該内国法人がその所有持分を直接又は間接に有する共同支配会社等の恒久的施設等（ロに掲げるものを除く。）　当該恒久的施設等の当該対象会計年度に係る会社等別国際最低課税額に帰属割合（所有持分その他の事情を勘案して当該内国法人に帰せられる割合として政令で定めるところにより計算した割合をいう。ロにおいて同じ。）を乗じて計算した金額

　　ロ　当該内国法人がその所有持分を構成会社等を通じて間接に有する共同支配会社等の恒久的施設等（当該構成会社等（当該恒久的施設等の中間親会社等又は被部分保有親会社等に限る。）が当該恒久的施設等の当該対象会計年度に係る国際最低課税額等を有する場合における当該恒久的施設等に限る。）　当該恒久的施設等の当該対象会計年度に係る会社等別国際最低課税額に帰属割合を乗じて計算した金額から当該計算した金額のうち当該構成会社等に帰せられる部分の金額として政令で定めるところにより計算した金額を控除した残額

2　前項の「構成会社等に係るグループ国際最低課税額」とは、次の各号に掲げる場合の区分に応じ当該各号に定める金額の合計額をいう。

　一　各対象会計年度に係る特定多国籍企業グループ等に属する構成会社等（無国籍構成会社等を除く。以下第三号までにおいて同じ。）の所在地国におけるイ⑶に

規定する国別実効税率が基準税率（100分の15をいう。以下この項及び第4項において同じ。）を下回り、かつ、当該対象会計年度において当該所在地国に係る当該特定多国籍企業グループ等のイ(1)に規定する国別グループ純所得の金額がある場合　イからハまでに掲げる金額の合計額からニに掲げる金額を控除した残額

イ　当該対象会計年度の当該所在地国に係る当期国別国際最低課税額（(1)に掲げる金額から(2)に掲げる金額を控除した残額に(3)に掲げる割合を乗じて計算した金額をいう。ロにおいて同じ。）

(1)　国別グループ純所得の金額（（ⅰ）に掲げる金額から（ⅱ）に掲げる金額を控除した残額をいう。以下第3号までにおいて同じ。）

（ⅰ）当該所在地国を所在地国とする全ての構成会社等の当該対象会計年度に係る個別計算所得金額の合計額

（ⅱ）当該所在地国を所在地国とする全ての構成会社等の当該対象会計年度に係る個別計算損失金額の合計額

(2)　次に掲げる金額の合計額

（ⅰ）当該所在地国を所在地国とする全ての構成会社等の当該対象会計年度に係る俸給、給料、賃金、歳費、賞与又はこれらの性質を有する給与その他の費用の額として政令で定める金額の100分の5に相当する金額

（ⅱ）当該所在地国を所在地国とする全ての構成会社等の当該対象会計年度に係る有形固定資産その他の資産の額として政令で定める金額の100分の5に相当する金額

(3)　基準税率から当該対象会計年度に係る当該所在地国における国別実効税率（（ⅰ）に掲げる金額（当該対象会計年度に係る（ⅰ）に掲げる金額が零を超え、かつ、当該対象会計年度において当該所在地国に係る国別グループ純所得の金額がある場合において、ロに規定する過去対象会計年度のうちに当該所在地国に係る（ⅰ）に掲げる金額が零を下回るものがあるときは、当該過去対象会計年度に係る（ⅰ）に掲げる金額が零を下回る部分の金額のうち当該対象会計年度に繰り越される部分として政令で定める金額を控除した残額とし、当該対象会計年度に係る（ⅰ）に掲げる金額が零を下回る場合には零とする。）が（ⅱ）に掲げる金額のうちに占める割合をいう。次号において同じ。）を控除した割合

（ⅰ）国別調整後対象租税額（当該所在地国を所在地国とする全ての構成会社等の当該対象会計年度に係る調整後対象租税額の合計額をいう。第3号において同じ。）

（ⅱ）国別グループ純所得の金額

ロ　当該対象会計年度の当該所在地国に係る再計算国別国際最低課税額（過去対象会計年度（当該対象会計年度開始の日前に開始した各対象会計年度をいう。以下この条において同じ。）の構成会社等の所在地国に係る当期国別国際最低課税額に満たない金額として政令で定める金額の合計額をいう。次号イ及び第3号イにおいて同じ。）

ハ　当該対象会計年度の当該所在地国に係る未分配所得国際最低課税額（当該構成会社等（各種投資会社等に限る。）に係る個別計算所得金額のうち他の構成会社等に分配されなかった部分に対応する国際最低課税額として政令で定める金額をいう。次号ロ及び第3号ロにおいて同じ。）

　　ニ　当該対象会計年度の当該所在地国に係る自国内最低課税額に係る税の額
　二　各対象会計年度に係る特定多国籍企業グループ等に属する構成会社等の所在地
　　国における国別実効税率が基準税率以上であり、かつ、当該対象会計年度におい
　　て当該所在地国に係る当該特定多国籍企業グループ等の国別グループ純所得の金
　　額がある場合　イ及びロに掲げる金額の合計額からハに掲げる金額を控除した残
　　額
　　イ　当該対象会計年度の当該所在地国に係る再計算国別国際最低課税額
　　ロ　当該対象会計年度の当該所在地国に係る未分配所得国際最低課税額
　　ハ　当該対象会計年度の当該所在地国に係る自国内最低課税額に係る税の額
　三　各対象会計年度において特定多国籍企業グループ等に属する構成会社等の所在
　　地国に係る当該特定多国籍企業グループ等の国別グループ純所得の金額がない場
　　合　イ及びロに掲げる金額の合計額からニに掲げる金額を控除した残額（当該対
　　象会計年度に係る国別調整後対象租税額が零を下回る場合のその下回る額が当該
　　対象会計年度に係るハに規定する特定国別調整後対象租税額を超える場合にあっ
　　ては、イからハまでに掲げる金額の合計額からニに掲げる金額を控除した残額）
　　イ　当該対象会計年度の当該所在地国に係る再計算国別国際最低課税額
　　ロ　当該対象会計年度の当該所在地国に係る未分配所得国際最低課税額
　　ハ　当該対象会計年度に係る国別調整後対象租税額が零を下回る場合のその下回
　　　る額から当該対象会計年度の当該所在地国に係る特定国別調整後対象租税額
　　　（⑴に掲げる金額から⑵に掲げる金額を控除した残額に基準税率を乗じて計算
　　　した金額をいう。）を控除した残額
　　　⑴　当該所在地国を所在地国とする全ての構成会社等の当該対象会計年度に係
　　　　る個別計算損失金額の合計額
　　　⑵　当該所在地国を所在地国とする全ての構成会社等の当該対象会計年度に係
　　　　る個別計算所得金額の合計額
　　ニ　当該対象会計年度の当該所在地国に係る自国内最低課税額に係る税の額
　四　各対象会計年度に係る特定多国籍企業グループ等に属する無国籍構成会社等の
　　無国籍構成会社等実効税率（当該対象会計年度に係る調整後対象租税額（当該対
　　象会計年度に係る調整後対象租税額が零を超え、かつ、当該対象会計年度におい
　　て当該無国籍構成会社等の個別計算所得金額がある場合において、過去対象会計
　　年度のうちに調整後対象租税額が零を下回るものがあるときは、当該過去対象会
　　計年度に係る調整後対象租税額が零を下回る部分の金額のうち当該対象会計年度
　　に繰り越される部分として政令で定める金額を控除した残額とし、当該対象会計
　　年度に係る調整後対象租税額が零を下回る場合には零とする。）が当該対象会計
　　年度に係る個別計算所得金額のうちに占める割合をいう。イ⑵及び次号において
　　同じ。）が基準税率を下回り、かつ、当該対象会計年度において当該無国籍構成
　　会社等の個別計算所得金額がある場合　当該無国籍構成会社等の次に掲げる金額
　　の合計額
　　イ　当該対象会計年度に係る当期国際最低課税額（⑴に掲げる金額に⑵に掲げる
　　　割合を乗じて計算した金額をいう。ロにおいて同じ。）
　　　⑴　当該対象会計年度に係る個別計算所得金額
　　　⑵　基準税率から当該対象会計年度に係る無国籍構成会社等実効税率を控除し
　　　　た割合

ロ　当該対象会計年度に係る再計算国際最低課税額（過去対象会計年度に係る当期国際最低課税額に満たない金額として政令で定める金額の合計額をいう。次号イ及び第6号イにおいて同じ。）

　　ハ　当該対象会計年度に係る未分配所得国際最低課税額（当該無国籍構成会社等（各種投資会社等に限る。）の個別計算所得金額のうち他の構成会社等に分配されなかった部分に対応する国際最低課税額として政令で定める金額をいう。次号ロ及び第6号ロにおいて同じ。）

　五　各対象会計年度に係る特定多国籍企業グループ等に属する無国籍構成会社等の無国籍構成会社等実効税率が基準税率以上であり、かつ、当該対象会計年度において当該無国籍構成会社等の個別計算所得金額がある場合　当該無国籍構成会社等の次に掲げる金額の合計額

　　イ　当該対象会計年度に係る再計算国際最低課税額

　　ロ　当該対象会計年度に係る未分配所得国際最低課税額

　六　各対象会計年度において特定多国籍企業グループ等に属する無国籍構成会社等の個別計算所得金額がない場合　当該無国籍構成会社等のイ及びロに掲げる金額の合計額（当該対象会計年度に係る調整後対象租税額が零を下回る場合のその下回る額が当該対象会計年度に係るハに規定する特定調整後対象租税額を超える場合にあっては、次に掲げる金額の合計額）

　　イ　当該対象会計年度に係る再計算国際最低課税額

　　ロ　当該対象会計年度に係る未分配所得国際最低課税額

　　ハ　当該対象会計年度に係る調整後対象租税額が零を下回る場合のその下回る額から当該対象会計年度に係る特定調整後対象租税額（当該無国籍構成会社等の当該対象会計年度に係る個別計算損失金額に基準税率を乗じて計算した金額をいう。）を控除した残額

3　特定多国籍企業グループ等に属する構成会社等の所在地国を所在地国とする次に掲げる構成会社等（以下この項において「特定構成会社等」という。）がある場合には、特定構成会社等と特定構成会社等以外の構成会社等とに区分して、それぞれの特定構成会社等（当該所在地国に当該特定構成会社等（第2号に掲げる特定構成会社等に限る。）のみで構成される企業集団がある場合には当該企業集団に属する他の特定構成会社等を含むものとし、当該所在地国に当該特定構成会社等（第3号に掲げる特定構成会社等に限る。）以外の他の特定構成会社等（同号に掲げる特定構成会社等に限る。）がある場合には当該他の特定構成会社等を含む。）ごとに前項第1号から第3号までの規定を適用する。

　一　被少数保有構成会社等（次号及び第3号に掲げるものを除く。）

　二　被少数保有親構成会社等（次号に掲げるものを除く。）又は被少数保有子構成会社等（同号に掲げるものを除く。）

　三　各種投資会社等

4　第1項の「共同支配会社等に係るグループ国際最低課税額」とは、特定多国籍企業グループ等に係る共同支配会社等及び当該共同支配会社等に係る他の共同支配会社等ごとに次の各号に掲げる場合の区分に応じ当該各号に定める金額を合計した金額の合計額をいう。

　一　各対象会計年度に係る特定多国籍企業グループ等に係る共同支配会社等（無国籍共同支配会社等を除く。以下第3号までにおいて同じ。）の所在地国における

イ⑶に規定する国別実効税率が基準税率を下回り、かつ、当該対象会計年度において当該所在地国に係るイ⑴に規定する国別グループ純所得の金額がある場合 イからハまでに掲げる金額の合計額からニに掲げる金額を控除した残額

イ　当該対象会計年度の当該所在地国に係る当期国別国際最低課税額（⑴に掲げる金額から⑵に掲げる金額を控除した残額に⑶に掲げる割合を乗じて計算した金額をいう。ロにおいて同じ。）

　⑴　国別グループ純所得の金額（（ⅰ）に掲げる金額から（ⅱ）に掲げる金額を控除した残額をいう。以下第３号までにおいて同じ。）

　　（ⅰ）当該共同支配会社等及び当該共同支配会社等に係る当該所在地国を所在地国とする他の共同支配会社等の当該対象会計年度に係る個別計算所得金額の合計額

　　（ⅱ）当該共同支配会社等及び当該共同支配会社等に係る当該所在地国を所在地国とする他の共同支配会社等の当該対象会計年度に係る個別計算損失金額の合計額

　⑵　次に掲げる金額の合計額

　　（ⅰ）当該共同支配会社等及び当該共同支配会社等に係る当該所在地国を所在地国とする他の共同支配会社等の当該対象会計年度に係る俸給、給料、賃金、歳費、賞与又はこれらの性質を有する給与その他の費用の額として政令で定める金額の100分の５に相当する金額

　　（ⅱ）当該共同支配会社等及び当該共同支配会社等に係る当該所在地国を所在地国とする他の共同支配会社等の当該対象会計年度に係る有形固定資産その他の資産の額として政令で定める金額の100分の５に相当する金額

　⑶　基準税率から当該対象会計年度に係る当該所在地国における国別実効税率（（ⅰ）に掲げる金額（当該対象会計年度に係る（ⅰ）に掲げる金額が零を超え、かつ、当該対象会計年度において当該所在地国に係る国別グループ純所得の金額がある場合において、過去対象会計年度のうちに当該所在地国に係る（ⅰ）に掲げる金額が零を下回るものがあるときは、当該過去対象会計年度に係る（ⅰ）に掲げる金額が零を下回る部分の金額のうち当該対象会計年度に繰り越される部分として政令で定める金額を控除した残額とし、当該対象会計年度に係る（ⅰ）に掲げる金額が零を下回る場合には零とする。）が（ⅱ）に掲げる金額のうちに占める割合をいう。次号において同じ。）を控除した割合

　　（ⅰ）国別調整後対象租税額（当該共同支配会社等及び当該共同支配会社等に係る当該所在地国を所在地国とする他の共同支配会社等の当該対象会計年度に係る調整後対象租税額の合計額をいう。第３号において同じ。）

　　（ⅱ）国別グループ純所得の金額

ロ　当該対象会計年度の当該所在地国に係る再計算国別国際最低課税額（過去対象会計年度の共同支配会社等の所在地国に係る当期国別国際最低課税額に満たない金額として政令で定める金額の合計額をいう。次号イ及び第３号イにおいて同じ。）

ハ　当該対象会計年度の当該所在地国に係る未分配所得国際最低課税額（当該共

同支配会社等（各種投資会社等に限る。ハにおいて同じ。）に係る個別計算所得金額のうち当該共同支配会社等に係る他の共同支配会社等に分配されなかった部分に対応する国際最低課税額として政令で定める金額をいう。次号ロ及び第3号ロにおいて同じ。）

ニ　当該対象会計年度の当該所在地国に係る自国内最低課税額に係る税の額

二　各対象会計年度に係る特定多国籍企業グループ等に係る共同支配会社等の所在地国における国別実効税率が基準税率以上であり、かつ、当該対象会計年度において当該所在地国に係る国別グループ純所得の金額がある場合　イ及びロに掲げる金額の合計額からハに掲げる金額を控除した残額

イ　当該対象会計年度の当該所在地国に係る再計算国別国際最低課税額

ロ　当該対象会計年度の当該所在地国に係る未分配所得国際最低課税額

ハ　当該対象会計年度の当該所在地国に係る自国内最低課税額に係る税の額

三　各対象会計年度において特定多国籍企業グループ等に係る共同支配会社等の所在地国に係る国別グループ純所得の金額がない場合　イ及びロに掲げる金額の合計額からニに掲げる金額を控除した残額（当該対象会計年度に係る国別調整後対象租税額が零を下回る場合のその下回る額が当該対象会計年度に係るハに規定する特定国別調整後対象租税額を超える場合にあっては、イからハまでに掲げる金額の合計額からニに掲げる金額を控除した残額）

イ　当該対象会計年度の当該所在地国に係る再計算国別国際最低課税額

ロ　当該対象会計年度の当該所在地国に係る未分配所得国際最低課税額

ハ　当該対象会計年度に係る国別調整後対象租税額が零を下回る場合のその下回る額から当該対象会計年度の当該所在地国に係る特定国別調整後対象租税額（(1)に掲げる金額から(2)に掲げる金額を控除した残額に基準税率を乗じて計算した金額をいう。）を控除した残額

(1)　当該共同支配会社等及び当該共同支配会社等に係る当該所在地国を所在地国とする他の共同支配会社等の当該対象会計年度に係る個別計算損失金額の合計額

(2)　当該共同支配会社等及び当該共同支配会社等に係る当該所在地国を所在地国とする他の共同支配会社等の当該対象会計年度に係る個別計算所得金額の合計額

ニ　当該対象会計年度の当該所在地国に係る自国内最低課税額に係る税の額

四　各対象会計年度に係る特定多国籍企業グループ等に係る無国籍共同支配会社等の無国籍共同支配会社等実効税率（当該対象会計年度に係る調整後対象租税額（当該対象会計年度に係る調整後対象租税額が零を超え、かつ、当該対象会計年度において当該無国籍共同支配会社等の個別計算所得金額がある場合において、過去対象会計年度のうちに調整後対象租税額が零を下回るものがあるときは、当該過去対象会計年度に係る調整後対象租税額が零を下回る部分の金額のうち当該対象会計年度に繰り越される部分として政令で定める金額を控除した残額とし、当該対象会計年度に係る調整後対象租税額が零を下回る場合には零とする。）が当該対象会計年度に係る個別計算所得金額のうちに占める割合をいう。イ(2)及び次号において同じ。）が基準税率を下回り、かつ、当該対象会計年度において当該無国籍共同支配会社等の個別計算所得金額がある場合　当該無国籍共同支配会社等の次に掲げる金額の合計額

イ　当該対象会計年度に係る当期国際最低課税額（(1)掲げる金額に(2)に掲げる割合を乗じて計算した金額をいう。ロにおいて同じ。）

　(1)　当該対象会計年度に係る個別計算所得金額

　(2)　基準税率から当該対象会計年度に係る無国籍共同支配会社等実効税率を控除した割合

ロ　当該対象会計年度に係る再計算国際最低課税額（過去対象会計年度に係る当期国際最低課税額に満たない金額として政令で定める金額の合計額をいう。次号イ及び第6号イにおいて同じ。）

ハ　当該対象会計年度に係る未分配所得国際最低課税額（当該無国籍共同支配会社等（各種投資会社等に限る。ハにおいて同じ。）の個別計算所得金額のうち当該無国籍共同支配会社等に係る他の共同支配会社等に分配されなかった部分に対応する国際最低課税額として政令で定める金額をいう。次号ロ及び第6号ロにおいて同じ。）

五　各対象会計年度に係る特定多国籍企業グループ等に係る無国籍共同支配会社等の無国籍共同支配会社等実効税率が基準税率以上であり、かつ、当該対象会計年度において当該無国籍共同支配会社等の個別計算所得金額がある場合　当該無国籍共同支配会社等の次に掲げる金額の合計額

イ　当該対象会計年度に係る再計算国際最低課税額

ロ　当該対象会計年度に係る未分配所得国際最低課税額

六　各対象会計年度において特定多国籍企業グループ等に係る無国籍共同支配会社等の個別計算所得金額がない場合　当該無国籍共同支配会社等のイ及びロに掲げる金額の合計額（当該対象会計年度に係る調整後対象租税額が零を下回る場合のその下回る額が当該対象会計年度に係るハに規定する特定調整後対象租税額を超える場合にあっては、次に掲げる金額の合計額）

イ　当該対象会計年度に係る再計算国際最低課税額

ロ　当該対象会計年度に係る未分配所得国際最低課税額

ハ　当該対象会計年度に係る調整後対象租税額が零を下回る場合のその下回る額から当該対象快慶年度に係る特定調整後対象租税額（当該無国籍共同支配会社等の当該対象会計年度に係る個別計算損失金額に基準税率を乗じて計算した金額をいう。）を控除した残額

5　特定多国籍企業グループ等に係る共同支配会社等の所在地国を所在地国とする次に掲げる共同支配会社等（以下この項において「特定共同支配会社等」という。）がある場合には、特定共同支配会社等と特定共同支配会社等以外の共同支配会社等とに区分して、それぞれの特定共同支配会社等（当該所在地国に当該特定共同支配会社等（第2号に掲げる特定共同支配会社等に限る。）のみで構成される企業集団がある場合には当該企業集団に属する他の特定共同支配会社等を含むものとし、当該所在地国に当該特定共同支配会社等（第3号に掲げる特定共同支配会社等に限る。）以外の他の特定共同支配会社等（同号に掲げる特定共同支配会社等に限る。）がある場合には当該他の特定共同支配会社等を含む。）ごとに前項第1号から第3号までの規定を適用する。

一　被少数保有共同支配会社等（次号及び第3号に掲げるものを除く。）

二　被少数保有親共同支配会社等（次号に掲げるものを除く。）又は被少数保有子共同支配会社等（同号に掲げるものを除く。）

三　各種投資会社等

6　特定多国籍企業グループ等に属する構成会社等（各種投資会社等を除く。以下この項において同じ。）が各対象会計年度において次に掲げる要件の全てを満たす場合には、当該対象会計年度の当該構成会社等の所在地国に係る第2項第1号イに規定する当期国別国際最低課税額は、零とする。

一　当該構成会社等の所在地国における当該対象会計年度及びその直前の二対象会計年度に係る当該特定多国籍企業グループ等の収入金額の平均額として政令で定めるところにより計算した金額が1,000万ユーロを財務省令で定めるところにより本邦通貨表示の金額に換算した金額に満たないこと。

二　当該構成会社等の所在地国における当該対象会計年度及びその直前の二対象会計年度に係る当該特定多国籍企業グループ等の利益又は損失の額の平均額として政令で定めるところにより計算した金額が100万ユーロを財務省令で定めるところにより本邦通貨表示の金額に換算した金額に満たないこと。

7　前項の規定は、同項の特定多国籍企業グループ等の同項の各対象会計年度に係る特定多国籍企業グループ等報告事項等（第1項の内国法人について前項の規定の適用を受けようとする旨を含むものに限る。以下この項において同じ。）の提供がある場合又は我が国以外の国若しくは地域の租税に関する法令を執行する当局に当該特定多国籍企業グループ等報告事項等に相当する事項の提供がある場合（第150条の3第3項《特定多国籍企業グループ等報告事項等の提供》の規定の適用がある場合に限る。）に限り、適用する。

8　第2項第1号の特定多国籍企業グループ等の各対象会計年度に係る特定多国籍企業グループ等報告事項等（同号に規定する所在地国に係る同号に定める金額の計算につきこの項の規定の適用を受けようとする旨を含むものに限る。以下この項において同じ。）の提供がある場合又は我が国以外の国若しくは地域の租税に関する法令を執行する当局に当該特定多国籍企業グループ等報告事項等に相当する事項の提供がある場合（第150条の3第3項の規定の適用がある場合に限る。）には、当該対象会計年度の当該所在地国に係る同号イ(2)に掲げる金額は、零とする。

9　第2項第3号若しくは第6号の特定多国籍企業グループ等の各対象会計年度に係る特定多国籍企業グループ等報告事項等（同項第3号に規定する所在地国に係る同号に定める金額又は同項第6号に規定する無国籍構成会社等の同号に定める金額の計算につきこの項の規定の適用を受けようとする旨を含むものに限る。以下この項において同じ。）の提供がある場合又は我が国以外の国若しくは地域の租税に関する法令を執行する当局に当該特定多国籍企業グループ等報告事項等に相当する事項の提供がある場合（第150条の3第3項の規定の適用がある場合に限る。）には、当該対象会計年度の当該所在地国に係る第2項第3号ハに掲げる金額又は当該無国籍構成会社等の同項第6号ハに掲げる金額は、零とする。

10　第6項から前項までの規定は、第4項に規定する共同支配会社等に係るグループ国際最低課税額について準用する。この場合において、第6項中「第2項第1号イ」とあるのは「第4項第1号イ」と、同項各号中「構成会社等の所在地国における」とあるのは「共同支配会社等及び当該共同支配会社等に係る当該所在地国を所在地国とする他の共同支配会社等の」と、「係る当該特定多国籍企業グループ等の」とあるのは「係る」と、第7項中「ついて前項」とあるのは「ついて第10項において準用する前項」と、第8項中「第2項第1号」とあるのは「第4項第1号」と、前

項中「第2項第3号若しくは」とあるのは「第4項第3号若しくは」と、「第2項第3号ハ」とあるのは「第4項第3号ハ」と読み替えるものとする。

11〜12　（省　略）

（除外会社等に関する特例）

第82条の3　特定多国籍企業グループ等の各対象会計年度に係る特定多国籍企業グループ等報告事項等（当該対象会計年度以後の各対象会計年度において第82条第14号ヘ《定義》に掲げる除外会社等に該当する会社等についてこの項の規定の適用を受けようとする旨を含むものに限る。以下この項において同じ。）の提供がある場合又は我が国以外の国若しくは地域の租税に関する法令を執行する当局に当該特定多国籍企業グループ等報告事項等に相当する事項の提供がある場合（第150条の3第3項《特定多国籍企業グループ等報告事項等の提供》の規定の適用がある場合に限る。）には、当該対象会計年度以後の各対象会計年度において当該会社等は除外会社等に該当しないものとして、この法律の規定を適用する。

2〜5　（省　略）

（課税標準）

第82条の4　内国法人に対して課する各対象会計年度の国際最低課税額に対する法人税の課税標準は、各対象会計年度の課税標準国際最低課税額とする。

2　各対象会計年度の課税標準国際最低課税額は、各対象会計年度の国際最低課税額とする。

（税額の計算）

第82条の5　内国法人に対して課する各対象会計年度の国際最低課税額に対する法人税の額は、各対象会計年度の課税標準国際最低課税額に100分の90.7の税率を乗じて計算した金額とする。

（国際最低課税額に係る確定申告）

第82条の6　特定多国籍企業グループ等に属する内国法人は、各対象会計年度終了の日の翌日から1年3月以内に、税務署長に対し、次に掲げる事項を記載した申告書を提出しなければならない。ただし、第1号に掲げる金額がない場合は、当該申告書を提出することを要しない。

一　当該対象会計年度の課税標準である課税標準国際最低課税額
二　前号に掲げる課税標準国際最低課税額につき前条の規定を適用して計算した法人税の額
三　前二号に掲げる金額の計算の基礎その他財務省令で定める事項

2　特定多国籍企業グループ等に属する内国法人が、当該対象会計年度について前項の規定による申告書を最初に提出すべき場合（当該対象会計年度開始の日前に開始した対象会計年度において当該内国法人又は当該特定多国籍企業グループ等に属する構成会社等であった他の内国法人が第150条の3第6項《特定多国籍企業グループ等報告事項等の提供》の規定の適用を受けていなかった場合に限る。）には、当該内国法人の当該最初に提出すべき対象会計年度に係る前項の規定の適用については、同項中「1年3月」とあるのは、「1年6月」とする。

3　第1項の規定による申告書には、当該対象会計年度の特定多国籍企業グループ等の最終親会社等の連結等財務諸表その他の財務省令で定める書類を添付しなければならない。

（電子情報処理組織による申告）
第82条の7　特定法人である内国法人は、前条第1項又は国税通則法第18条《期限後申告》若しくは第19条《修正申告》の規定により、国際最低課税額確定申告書若しくは当該申告書に係る修正申告書（以下この条及び次条第1項において「納税申告書」という。）により行うこととされ、又はこれにこの法律（これに基づく命令を含む。）若しくは国税通則法第18条第3項若しくは第19条第4項の規定により納税申告書に添付すべきものとされている書類（以下この項及び第3項において「添付書類」という。）を添付して行うこととされている各対象会計年度の国際最低課税額に対する法人税の申告については、これらの規定にかかわらず、財務省令で定めるところにより、納税申告書に記載すべきものとされている事項（第3項において「申告書記載事項」という。）又は添付書類に記載すべきものとされ、若しくは記載されている事項（以下この項及び第3項において「添付書類記載事項」という。）を、財務省令で定めるところによりあらかじめ税務署長に届け出て行う電子情報処理組織（国税庁の使用に係る電子計算機（入出力装置を含む。以下この項及び第4項において同じ。）とその申告をする内国法人の使用に係る電子計算機とを電気通信回線で接続した電子情報処理組織をいう。）を使用する方法として財務省令で定める方法により提供することにより、行わなければならない。ただし、当該申告のうち添付書類に係る部分については、添付書類記載事項を記録した光ディスクその他の財務省令で定める記録用の媒体を提出する方法により、行うことができる。
2　前項に規定する特定法人とは、次に掲げる法人をいう。
　一　当該対象会計年度開始の時における資本金の額又は出資金の額が1億円を超える法人
　二　保険業法に規定する相互会社
　三　投資法人（第1号に掲げる法人を除く。）
　四　特定目的会社（第1号に掲げる法人を除く。）
3〜5　（省　略）

（電子情報処理組織による申告が困難である場合の特例）
第82条の8　前条第1項の内国法人が、電気通信回線の故障、災害その他の理由により同項に規定する電子情報処理組織を使用することが困難であると認められる場合で、かつ、同項の規定を適用しないで納税申告書を提出することができると認められる場合において、同項の規定を適用しないで納税申告書を提出することについて納税地の所轄税務署長の承認を受けたときは、当該税務署長が指定する期間内に行う同項の申告については、同条の規定は、適用しない。
2　前項の承認を受けようとする内国法人は、同項の規定の適用を受けることが必要となった事情、同項の規定による指定を受けようとする期間その他財務省令で定める事項を記載した申請書に財務省令で定める書類を添付して、当該期間の開始の日の15日前まで（同項に規定する理由が生じた日が第82条の6第1項《国際最低課税額に係る確定申告》の規定による申告書の提出期限の15日前の日以後である場合に

おいて、当該提出期限が当該期間内の日であるときは、当該開始の日まで）に、これを納税地の所轄税務署長に提出しなければならない。

3～8 （省 略）

（国際最低課税額に係る確定申告による納付）
第82条の9 第82条の6第1項《国際最低課税額に係る確定申告》の規定による申告書を提出した内国法人は、当該申告書に記載した同項第2号に掲げる金額があるときは、当該申告書の提出期限までに、当該金額に相当する法人税を国に納付しなければならない。

（特定多国籍企業グループ等報告事項等の提供）
第150条の3 特定多国籍企業グループ等（第82条第4号《定義》に規定する特定多国籍企業グループ等をいう。以下この条において同じ。）に属する構成会社等（第82条第13号に規定する構成会社等をいう。以下この条において同じ。）である内国法人（その所在地国（第82条第7号に規定する所在地国をいう。第1号及び第3項において同じ。）が我が国でないものを除く。以下この条において同じ。）は、当該特定多国籍企業グループ等の各対象会計年度に係る次に掲げる事項（次項、第3項及び第6項並びに第160条《罰則》において「特定多国籍企業グループ等報告事項等」という。）を、当該各対象会計年度終了の日の翌日から1年3月以内に、財務省令で定めるところにより、電子情報処理組織を使用する方法（財務省令で定めるところによりあらかじめ税務署長に届け出て行う国税庁の使用に係る電子計算機（入出力装置を含む。以下この項において同じ。）とその提供を行う内国法人の使用に係る電子計算機とを電気通信回線で接続した電子情報処理組織を使用する方法として財務省令で定める方法をいう。次項、第4項及び第5項並びに第162条《罰則》において同じ。）により、当該内国法人の納税地の所轄税務署長に提供しなければならない。

一 特定多国籍企業グループ等に属する構成会社等の名称、当該構成会社等の所在地国ごとの第82条の2第2項第1号イ(3)（国際最低課税額）に規定する国別実効税率、当該特定多国籍企業グループ等の同条第1項に規定するグループ国際最低課税額その他の財務省令で定める事項

二 第82条の2第6項、第8項若しくは第9項（これらの規定を同条第10項において準用する場合を含む。）又は第82条の3第1項《除外会社等に関する特例》の規定その他政令で定める規定の適用を受けようとする旨

三 第82条の3第1項の規定その他政令で定める規定の適用を受けることをやめようとする旨

2 前項の規定により同項の特定多国籍企業グループ等に係る特定多国籍企業グループ等報告事項等を提供しなければならないこととされる内国法人が複数ある場合において、同項の各対象会計年度終了の日の翌日から1年3月以内に、電子情報処理組織を使用する方法により、当該内国法人のうちいずれか一の法人がこれらの法人を代表して同項の規定による特定多国籍企業グループ等報告事項等を提供する法人の名称その他の財務省令で定める事項を当該一の法人の納税地の所轄税務署長に提供したときは、同項の規定にかかわらず、同項の規定による特定多国籍企業グループ等報告事項等を代表して提供するものとされた法人以外の法人は、同項の規定に

よる特定多国籍企業グループ等報告事項等を提供することを要しない。

3　前二項の規定は、特定多国籍企業グループ等の最終親会社等（第82条第10号に規定する最終親会社等をいう。以下この項において同じ。）（指定提供会社等（特定多国籍企業グループ等の最終親会社等以外のいずれか一の構成会社等で、当該特定多国籍企業グループ等の特定多国籍企業グループ等報告事項等に相当する事項を当該構成会社等の所在地国の租税に関する法令を執行する当局に提供するものとして当該最終親会社等が指定したものをいう。以下この項において同じ。）を指定した場合には、指定提供会社等。次項において同じ。）の所在地国の租税に関する法令を執行する当局が当該特定多国籍企業グループ等の各対象会計年度に係る特定多国籍企業グループ等報告事項等に相当する情報の提供を我が国に対して行うことができると認められる場合として政令で定める場合に該当するときは、適用しない。

4　前項の規定の適用を受ける特定多国籍企業グループ等に属する構成会社等である内国法人は、当該特定多国籍企業グループ等の同項の各対象会計年度に係る最終親会社等届出事項（特定多国籍企業グループ等の最終親会社等に関する情報として財務省令で定める事項をいう。次項及び第6項において同じ。）を、当該各対象会計年度終了の日の翌日から1年3月以内に、電子情報処理組織を使用する方法により、当該内国法人の納税地の所轄税務署長に提供しなければならない。

5　前項の規定により同項の特定多国籍企業グループ等に係る最終親会社等届出事項を提供しなければならないこととされる内国法人が複数ある場合において、同項の各対象会計年度終了の日の翌日から1年3月以内に、電子情報処理組織を使用する方法により、当該内国法人のうちいずれか一の法人がこれらの法人を代表して同項の規定による最終親会社等届出事項を提供する法人の名称その他の財務省令で定める事項を当該一の法人の納税地の所轄税務署長に提供したときは、同項の規定にかかわらず、同項の規定による最終親会社等届出事項を代表して提供するものとされた法人以外の法人は、同項の規定による最終親会社等届出事項を提供することを要しない。

6　特定多国籍企業グループ等に属する構成会社等である内国法人が最初に第1項又は第4項の規定により対象会計年度に係る特定多国籍企業グループ等報告事項等又は最終親会社等届出事項を提供しなければならないこととされる場合（当該対象会計年度前のいずれかの対象会計年度につき当該特定多国籍企業グループ等に属する構成会社等であった他の内国法人がこれらの規定により当該特定多国籍企業グループ等に係る特定多国籍企業グループ等報告事項等又は最終親会社等届出事項を提供しなければならないこととされていた場合を除く。）における第1項、第2項及び前二項の規定の適用については、これらの規定中「1年3月」とあるのは、「1年6月」とする。

7　前各項の規定の適用に関し必要な事項は、政令で定める。

○　付　則（抜すい）

（法人税法の一部改正に伴う経過措置の原則）

第11条　この附則に別段の定めがあるものを除き、第2条の規定（附則第1条第4号イに掲げる改正規定に限る。）による改正後の法人税法（以下「令和6年新法人税法」という。）の規定（各対象会計年度の令和6年新法人税法第82条の2第1項に規定

する国際最低課税額に対する法人税に係る部分に限る。）は、内国法人の令和6年
4月1日以後に開始する対象会計年度の同項に規定する国際最低課税額に対する法
人税について適用する。

（国際最低課税額の計算に関する経過措置）

第14条　構成会社等（令和6年新法人税法第82条第13号に規定する構成会社等をいう。
以下この条において同じ。）である内国法人が属する特定多国籍企業グループ等（令
和6年新法人税法第82条第4号に規定する特定多国籍企業グループ等をいう。以下
この条において同じ。）の各対象会計年度に係る国別報告事項（租税特別措置法第
66条の4の4第1項に規定する国別報告事項をいい、連結等財務諸表（令和6年新
法人税法第82条第1号に規定する連結等財務諸表をいう。以下この条において同
じ。）を基礎として作成されたものに限る。以下この項において同じ。）又はこれに
相当する事項につき租税特別措置法第66条の4の4第1項若しくは第2項に規定す
る所轄税務署長又は我が国以外の国若しくは地域の租税に関する法令を執行する当
局に提供された場合において、当該特定多国籍企業グループ等に属する構成会社等
（対象外構成会社等（令和6年新法人税法第82条第18号に規定する無国籍構成会社
等その他の政令で定めるものをいう。以下この項において同じ。）を除く。以下こ
の項において同じ。）が令和6年4月1日から令和8年12月31日までの間に開始す
る対象会計年度（令和10年6月30日までに終了するものに限る。）において次に掲
げる要件のいずれかを満たすときは、当該対象会計年度の当該構成会社等の所在地
国（令和6年新法人税法第82条第7号に規定する所在地国をいう。以下この条にお
いて同じ。）における当該対象会計年度に係る令和6年新法人税法第82条の2第2
項第一号から第3号までに定める金額は、零とする。
一　次に掲げる要件の全てを満たすこと。
　イ　当該対象会計年度に係る国別報告事項又はこれに相当する事項として提供さ
　　れた当該構成会社等の所在地国に係る収入金額（当該特定多国籍企業グルー
　　プ等に属する構成会社等のうちに、国別報告事項にその情報が含まれないこと
　　により当該収入金額にその収入金額が含まれない構成会社等として財務省令で定
　　めるものがある場合には、当該構成会社等に係る収入金額として財務省令で定
　　める金額を加算した金額）が1,000万ユーロを財務省令で定めるところにより
　　本邦通貨表示の金額に換算した金額に満たないこと。
　ロ　当該対象会計年度に係る国別報告事項又はこれに相当する事項として提供さ
　　れた当該構成会社等の所在地国に係る税引前当期利益の額（当該税引前当期利
　　益の額の計算において、令和6年新法人税法第82条第26号に規定する個別計算
　　所得等の金額の計算に含まれない損失の金額として政令で定める金額がある場
　　合には、当該金額を含まないものとして計算した金額。次号ロにおいて「調整
　　後税引前当期利益の額」という。）が100万ユーロを財務省令で定めるところに
　　より本邦通貨表示の金額に換算した金額に満たないこと。
二　イに掲げる金額がロに掲げる金額（零を超えるものに限る。）のうちに占める
　割合が100分の17（令和6年4月1日から同年12月31日までの間に開始する対象
　会計年度については100分の15とし、令和7年1月1日から同年12月31日までの
　間に開始する対象会計年度については100分の16とする。）以上であること。
　イ　当該対象会計年度に係る当該構成会社等の所在地国を租税特別措置法第66条

の4の4第1項の事業が行われる国又は地域とする全ての構成会社等（対象外構成会社等を除く。）の連結等財務諸表に記載された法人税の額その他の財務省令で定める金額（当該金額のうちに、令和6年新法人税法第82条第29号に規定する対象租税以外の租税の額が含まれており、又は不確実性がある金額として財務省令で定める金額が含まれている場合には、これらの金額を除く。）の合計額

ロ　当該対象会計年度に係る国別報告事項又はこれに相当する事項として提供された当該構成会社等の所在地国に係る調整後税引前当期利益の額

三　前号ロに掲げる金額が当該対象会計年度の当該構成会社等に係る令和6年新法人税法第82条の2第3項の規定を適用しないで計算した場合の同条第2項第1号イ(2)に掲げる金額（当該対象会計年度に係る国別報告事項又はこれに相当する事項における租税特別措置法第66条の4の4第1項の事業が行われる国又は地域と前号ロの所在地国が同一である構成会社等（対象外構成会社等を除く。）に係るものに限る。）以下であること。

2　前項の規定は、次に掲げる要件の全てを満たす場合に限り、適用する。

一　前項の特定多国籍企業グループ等の各対象会計年度に係る令和6年新法人税法第150条の3第1項に規定する特定多国籍企業グループ等報告事項等（前項の内国法人について同項の規定の適用を受けようとする旨を含むものに限る。以下この号において同じ。）の提供があること又は我が国以外の国若しくは地域の租税に関する法令を執行する当局に当該特定多国籍企業グループ等報告事項等に相当する事項の提供があること（同条第3項の規定の適用がある場合に限る。）。

二　前項の規定の適用を受けようとする対象会計年度開始の日前に開始したいずれの対象会計年度（令和6年4月1日（同項の規定に相当する我が国以外の国又は地域の租税に関する法令の規定が同日前に施行されている場合には、その施行の日）以後に開始する対象会計年度であって、同項の特定多国籍企業グループ等が当該対象会計年度において特定多国籍企業グループ等に該当した場合における当該対象会計年度に限る。）においても、同項の構成会社等の所在地国につき同項の規定（同項の規定に相当する我が国以外の国又は地域の租税に関する法令の規定を含む。）の適用を受けて令和6年新法人税法第82条の2第1項に規定する国際最低課税額又は外国におけるこれに相当するものの計算が行われていること。

3　構成会社等である内国法人の属する特定多国籍企業グループ等に係る共同支配会社等（令和6年新法人税法第82条第15号に規定する共同支配会社等をいう。以下この条において同じ。）（対象外共同支配会社等（令和6年新法人税法第82条第22号に規定する無国籍共同支配会社等その他の政令で定めるものをいう。）を除く。以下この項において同じ。）が、令和6年4月1日から令和8年12月31日までの間に開始する対象会計年度（令和10年6月30日までに終了するものに限る。）において次に掲げる要件のいずれかを満たす場合には、当該対象会計年度の当該共同支配会社等の所在地国における当該対象会計年度に係る令和6年新法人税法第82条の2第4項第1号から第3号までに定める金額は、零とする。

一　次に掲げる要件の全てを満たすこと。

イ　当該対象会計年度に係る当該共同支配会社等及び当該共同支配会社等に係る他の共同支配会社等（当該共同支配会社等の所在地国を所在地国とするものに限るものとし、対象外共同支配会社等を除く。以下この条において同じ。）の

連結等財務諸表に記載された収入金額として財務省令で定める金額の合計額が1,000万ユーロを財務省令で定めるところにより本邦通貨表示の金額に換算した金額に満たないこと。

ロ　当該対象会計年度に係る当該共同支配会社等及び当該共同支配会社等に係る他の共同支配会社等の連結等財務諸表に記載された税引前当期純利益の額として財務省令で定める金額の合計額から当該連結等財務諸表に記載された税引前当期純損失の額として財務省令で定める金額の合計額を控除した金額（当該金額の計算において、令和6年新法人税法第82条第26号に規定する個別計算所得等の金額の計算に含まれない損失の金額として政令で定める金額がある場合には、当該金額を含まないものとして計算した金額。次号ロにおいて「調整後税引前当期利益の額」という。）が100万ユーロを財務省令で定めるところにより本邦通貨表示の金額に換算した金額に満たないこと。

二　イに掲げる金額がロに掲げる金額（零を超えるものに限る。）のうちに占める割合が100分の17（令和6年4月1日から同年12月31日までの間に開始する対象会計年度については100分の15とし、令和7年1月1日から同年12月31日までの間に開始する対象会計年度については100分の16とする。）以上であること。

イ　当該対象会計年度に係る当該共同支配会社等及び当該共同支配会社等に係る他の共同支配会社等の連結等財務諸表における法人税の額その他の財務省令で定める金額（当該金額のうちに、令和6年新法人税法第82条第29号に規定する対象租税以外の租税の額が含まれており、又は不確実性がある金額として財務省令で定める金額が含まれている場合には、これらの金額を除く。）の合計額

ロ　当該対象会計年度に係る当該共同支配会社等及び当該共同支配会社等に係る他の共同支配会社等の調整後税引前当期利益の額

三　前号ロに掲げる金額が当該対象会計年度の当該共同支配会社等に係る令和6年新法人税法第82条の2第5項の規定を適用しないで計算した場合の同条第4項第1号イ(2)に掲げる金額以下であること。

4　前項の規定は、次に掲げる要件の全てを満たす場合に限り、適用する。

一　前項の特定多国籍企業グループ等の各対象会計年度に係る令和6年新法人税法第150条の3第1項に規定する特定多国籍企業グループ等報告事項等（令和6年新法人税法第82条の2第1項の内国法人について前項の規定の適用を受けようとする旨を含むものに限る。以下この号において同じ。）の提供があること又は我が国以外の国若しくは地域の租税に関する法令を執行する当局に当該特定多国籍企業グループ等報告事項等に相当する事項の提供があること（令和6年新法人税法第150条の3第3項の規定の適用がある場合に限る。）。

二　前項の規定の適用を受けようとする対象会計年度開始の日前に開始したいずれの対象会計年度（令和6年4月1日（同項の規定に相当する我が国以外の国又は地域の租税に関する法令の規定が同日前に施行されている場合には、その施行の日）以後に開始する対象会計年度であって、同項の特定多国籍企業グループ等が当該対象会計年度において特定多国籍企業グループ等に該当した場合における当該対象会計年度に限る。）においても、同項の特定多国籍企業グループ等に係る共同支配会社等の所在地国において当該共同支配会社等又は当該共同支配会社等に係る他の共同支配会社等につき同項の規定（同項の規定に相当する我が国以外の国又は地域の租税に関する法令の規定を含む。）の適用を受けて令和6年新法

人税法第82条の２第１項に規定する国際最低課税額又は外国におけるこれに相当するものの計算が行われていること。

5　特定多国籍企業グループ等に属する構成会社等である内国法人の令和６年４月１日から令和14年12月31日までの間に開始する対象会計年度に係る当該特定多国籍企業グループ等の令和６年新法人税法第82条の２第２項第１号イ及び第４項第１号イに掲げる当期国別国際最低課税額を計算する場合における同条第２項第１号イ(2)（ⅰ）及び第４項第１号イ(2)（ⅰ）の規定の適用については、これらの規定中「100分の５」とあるのは、当該内国法人の令和６年４月１日から同年12月31日までの間に開始する対象会計年度については「100分の9.8」と、当該内国法人の令和７年１月１日から同年12月31日までの間に開始する対象会計年度については「100分の9.6」と、当該内国法人の令和８年１月１日から同年12月31日までの間に開始する対象会計年度については「100分の9.4」と、当該内国法人の令和９年１月１日から同年12月31日までの間に開始する対象会計年度については「100分の9.2」と、当該内国法人の令和10年１月１日から同年12月31日までの間に開始する対象会計年度については「100分の９」と、当該内国法人の令和11年１月１日から同年12月31日までの間に開始する対象会計年度については「100分の8.2」と、当該内国法人の令和12年１月１日から同年12月31日までの間に開始する対象会計年度については「100分の7.4」と、当該内国法人の令和13年１月１日から同年12月31日までの間に開始する対象会計年度については「100分の6.6」と、当該内国法人の令和14年１月１日から同年12月31日までの間に開始する対象会計年度については「100分の5.8」とする。

6　前項の規定は、同項に規定する場合における令和６年新法人税法第82条の２第２項第１号イ(2)（ⅱ）及び第４項第１号イ(2)（ⅱ）の規定の適用について準用する。この場合において、前項中「100分の9.8」とあるのは「100分の7.8」と、「100分の9.6」とあるのは「100分の7.6」と、「100分の9.4」とあるのは「100分の7.4」と、「100分の9.2」とあるのは「100分の7.2」と、「100分の９」とあるのは「100分の７」と、「100分の8.2」とあるのは「100分の6.6」と、「100分の7.4」とあるのは「100分の6.2」と、「100分の6.6」とあるのは「100分の5.8」と、「100分の5.8」とあるのは「100分の5.4」と読み替えるものとする。

7　第１項に規定する特定多国籍企業グループ等に属する構成会社等が各種投資会社等（令和６年新法人税法第82条第16号に規定する各種投資会社等をいう。以下この項において同じ。）である場合又は第３項に規定する特定多国籍企業グループ等に係る共同支配会社等が各種投資会社等である場合の第１項各号又は第３項各号に掲げる要件の特例その他前各項の規定の適用に関し必要な事項は、政令で定める。

○　**法人税法施行令（抜すい）**

（企業グループ等の範囲）

第155条の４　法第82条第２号イ(1)《定義》に規定する政令で定める会社等は、次に掲げるものとする。

　一　企業集団の計算書類（法第82条第１号イに掲げるものに限る。次号において同じ。）にその財産及び損益の状況が連結して記載される会社等

　二　企業集団の計算書類において財務省令で定める理由により連結の範囲から除か

れる会社等（その企業集団の他の会社等がその会社等に係る議決権の過半数を自己の計算において所有していることその他の事由により当該会社等の財務及び営業又は事業の方針を決定する機関（株主総会その他これに準ずる機関をいう。）を支配している場合における当該会社等に限る。）

2 （省　略）

（当期純損益金額）

第155条の16　法第82条第26号《定義》に規定する政令で定める金額は、次の各号に掲げる構成会社等又は共同支配会社等の区分に応じ当該各号に定める金額（次項から第15項まで及び次条の規定の適用がある場合には、その適用後の金額）とする。

一　構成会社等又は共同支配会社等（次号及び第3号に掲げるものを除く。以下この号において同じ。）　当該構成会社等又は共同支配会社等の各対象会計年度に係る特定連結等財務諸表の作成の基礎となる当該構成会社等又は共同支配会社等の税引後当期純損益金額（最終親会社等財務会計基準（特定連結等財務諸表に係る会計処理の基準をいう。以下この款において同じ。）に基づき計算される当該構成会社等又は共同支配会社等の当期純利益金額又は当期純損失金額として財務省令で定める金額であって、構成会社等と他の構成会社等との間又は共同支配会社等と当該共同支配会社等に係る他の共同支配会社等との間の取引に係る金額の相殺をすることその他の特定連結等財務諸表の作成において必要とされる会計処理として財務省令で定める会計処理が行われなかったものとしたならば算出されることとなる金額をいう。以下この条及び次条第6項において同じ。）

二　恒久的施設等（次号に掲げるものを除く。以下この号において同じ。）　次に掲げる場合の区分に応じそれぞれ次に定める金額

イ　最終親会社等財務会計基準に従って作成された恒久的施設等の各対象会計年度に係る個別財務諸表（構成会社等又は共同支配会社等ごとの財産及び損益の状況を記載した計算書類をいう。以下この条及び第155条の35第1項第3号《調整後対象租税額の計算》において同じ。）がある場合　当該個別財務諸表に係る当該最終親会社等財務会計基準に基づき計算された恒久的施設等の当期純利益金額又は当期純損失金額として財務省令で定める金額（以下この条において「恒久的施設等純損益金額」という。）

ロ　イに掲げる場合以外の場合　最終親会社等財務会計基準に従って恒久的施設等の各対象会計年度に係る個別財務諸表を作成するとしたならば作成されることとなる個別財務諸表に係る当該最終親会社等財務会計基準に基づき計算される恒久的施設等純損益金額

三　法第82条第6号ニに掲げる恒久的施設等　同号ニの他方の国において当該恒久的施設等を通じて行われる同号ニの会社等の事業から生ずる収益の額（当該会社等の税引後当期純損益金額の計算に用いられる会計処理の基準に基づき計算される収益の額で、当該会社等の所在地国の租税に関する法令において当該会社等の所得の金額の計算上益金の額に算入されないものに限る。）から当該事業から生ずる費用の額（当該会社等の税引後当期純損益金額の計算に用いられる会計処理の基準に基づき計算される費用の額で、当該会社等の所在地国の租税に関する法令において当該会社等の所得の金額の計算上損金の額に算入されないものに限る。）を減算した金額

2 （省　略）

3 各対象会計年度において構成会社等又は共同支配会社等が、他の構成会社等（当該構成会社等の所在地国を所在地国とするものを除く。）又は当該共同支配会社等に係る他の共同支配会社等（当該共同支配会社等の所在地国を所在地国とするものを除く。）との間で取引（資本等取引（最終親会社等財務会計基準における資本等取引として財務省令で定めるものをいう。第155条の18第2項第6号ニ及び第3項第7号ニ《個別計算所得等の金額の計算》並びに第155条の20第1項《連結等納税規定の適用がある場合の個別計算所得等の金額の計算の特例》において同じ。）を除く。以下この項及び次項において同じ。）を行った場合において、次の各号に掲げる場合に該当するときは、当該各号に定めるところにより、当該対象会計年度以後の各対象会計年度に係る当該構成会社等又は当該共同支配会社等の税引後当期純損益金額又は恒久的施設等純損益金額を計算する。

一　当該構成会社等又は共同支配会社等の税引後当期純損益金額又は恒久的施設等純損益金額の基礎となる当該取引に係る金額と当該他の構成会社等又は当該他の共同支配会社等の税引後当期純損益金額又は恒久的施設等純損益金額の基礎となる当該取引に係る金額のいずれもが独立企業間価格（租税特別措置法第66条の4第1項《国外関連者との取引に係る課税の特例》に規定する独立企業間価格又は我が国以外の国若しくは地域の租税に関する法令の規定におけるこれに相当する金額をいう。以下この項において同じ。）と異なる場合　当該取引は独立企業間価格で行われたものとみなす。

二　前号に規定する取引に係る金額のいずれかが独立企業間価格である場合　当該取引は当該独立企業間価格で行われたものとみなす。

三　第一号に規定する取引に係る金額のいずれもが独立企業間価格であって、これらの独立企業間価格が異なる場合　当該取引はこれらのいずれかの独立企業間価格で行われたものとみなす。

4〜15　（省　略）

（個別計算所得等の金額の計算）

第155条の18　法第82条第26号《定義》に規定する政令で定めるところにより計算した金額は、次の各号に掲げる会社等の区分に応じ当該各号に定めるものとする。

一　構成会社等　構成会社等個別計算所得等の金額（構成会社等の各対象会計年度に係る当期純損益金額に加算調整額を加算した金額から減算調整額を減算した金額（次条、第155条の21から第155条の26まで《保険会社に係る個別計算所得等の金額の計算等》及び第155条の28から第155条の33まで《債務免除等を受けた場合の個別計算所得等の金額の計算の特例等》において「特例適用前個別計算所得等の金額」という。）をいい、次条から第155条の33までの規定の適用がある場合にはその適用後の金額とする。次条から第155条の33までにおいて同じ。）

二　（省　略）

2　前項第1号に規定する加算調整額とは、構成会社等に係る次に掲げる金額の合計額をいう。

一　対象租税等（対象租税、自国内最低課税額に係る税又は第155条の34第2項第1号、第3号若しくは第4号《対象租税の範囲》に掲げる税をいう。次項第1号において同じ。）の額で、当期純損益金額に係る費用の額としている金額として

財務省令で定める金額

二〜十三　（省　略）

3　第1項第1号に規定する減算調整額とは、構成会社等に係る次に掲げる金額の合計額をいう。

一　対象租税等の額で、当期純損益金額に係る収益の額としている金額として財務省令で定める金額

二〜十一　（省　略）

4〜5　（省　略）

（調整後対象租税額の計算）

第155条の35　法第82条第30号《定義》に規定する政令で定めるところにより計算した金額は、構成会社等又は共同支配会社等の各対象会計年度に係る次に掲げる金額の合計額とする。

一　当期対象租税額

二　法人税等調整額（税効果会計（当期純利益の金額と次項第1号に規定する法人税等の額を合理的に対応させるための会計処理として財務省令で定める会計処理をいう。）の適用により計上される同号に規定する法人税等の調整額として財務省令で定める額をいう。第3項第1号において同じ。）について個別計算所得等の金額、基準税率その他の事情を勘案して財務省令で定めるところにより計算した金額

三　特定連結等財務諸表の作成の基礎となる個別財務諸表（純資産の項目又はその他の包括利益の項目に限る。）に記載された対象租税の額として財務省令で定める金額

2〜10　（省　略）

（会社等別国際最低課税額の計算）

第155条の36　法第82条の2第1項《国際最低課税額》に規定する構成会社等又は共同支配会社等に帰属する金額として政令で定めるところにより計算した金額は、次の各号に掲げる構成会社等（その所在地国が我が国であるものを除く。）又は共同支配会社等（その所在地国が我が国であるものを除く。）の区分に応じ当該各号に定める金額とする。

一　法第82条の2第2項第1号に掲げる場合における同号に規定する構成会社等　次に掲げる金額の合計額

イ　各対象会計年度の当該構成会社等の所在地国に係る(1)及び(2)に掲げる金額の合計額に(3)に掲げる金額が(4)に掲げる金額のうちに占める割合を乗じて計算した金額（(3)に掲げる金額がない場合には、零）

(1)　法第82条の2第2項第1号イに掲げる金額から同号ニに掲げる金額（同号イに掲げる金額に相当する金額に対して課される部分に限る。）を控除した残額

(2)　過去対象会計年度ごとに法第82条の2第2項第1号ロに規定する政令で定める金額（(2)、次号イ(1)及び第3号イ(1)において「対象会計年度別再計算課税額」という。）から同項第1号ニに掲げる金額（当該対象会計年度別再計算課税額に相当する金額に対して課される部分に限る。）を控除した残額の

合計額

(3) 当該構成会社等の当該対象会計年度に係る個別計算所得金額

(4) 当該所在地国を所在地国とする全ての構成会社等の当該対象会計年度に係る個別計算所得金額の合計額

ロ　当該構成会社等（各種投資会社等に限る。）の各対象株主等（第155条の42第1項《構成会社等に係る未分配所得国際最低課税額》に規定する対象株主等をいう。次号ロ及び第3号ロにおいて同じ。）に係る株主等別未分配額（同項に規定する株主等別未分配額をいう。ロ、次号ロ及び第3号ロにおいて同じ。）から法第82条の2第2項第1号ニに掲げる金額（当該株主等別未分配額に相当する金額に対して課される部分に限る。）を控除した残額の合計額

二　法第82条の2第2項第2号に掲げる場合における同号の構成会社等　次に掲げる金額の合計額

イ　各対象会計年度の当該構成会社等の所在地国に係る(1)に掲げる金額に(2)に掲げる金額が(3)に掲げる金額のうちに占める割合を乗じて計算した金額（(2)に掲げる金額がない場合には、零）

(1) 過去対象会計年度ごとに対象会計年度別再計算課税額から法第82条の2第2項第2号ハに掲げる金額（当該対象会計年度別再計算課税額に相当する金額に対して課される部分に限る。）を控除した残額の合計額

(2) 当該構成会社等の当該対象会計年度に係る個別計算所得金額

(3) 当該所在地国を所在地国とする全ての構成会社等の当該対象会計年度に係る個別計算所得金額の合計額

ロ　当該構成会社等（各種投資会社等に限る。）の各対象株主等に係る株主等別未分配額から法第82条の2第2項第2号ハに掲げる金額（当該株主等別未分配額に相当する金額に対して課される部分に限る。）を控除した残額の合計額

三　法第82条の2第2項第3号に掲げる場合における同号の構成会社等　イ及びロに掲げる金額の合計額（各対象会計年度の当該構成会社等（当該対象会計年度に係るその調整後対象租税額が零を下回り、かつ、当該調整後対象租税額が当該対象会計年度に係るハ(2)に規定する特定調整後対象租税額を下回るものに限る。）の所在地国に係る同号の国別調整後対象租税額が零を下回る場合のその下回る額が当該対象会計年度に係る同号ハに規定する特定国別調整後対象租税額を超える場合にあっては、次に掲げる金額の合計額）

イ　当該対象会計年度の当該構成会社等の所在地国に係る(1)に掲げる金額に(2)に掲げる金額が(3)に掲げる金額のうちに占める割合を過去対象会計年度ごとに乗じて計算した金額の合計額（(2)に掲げる金額がない場合には、零）

(1) 過去対象会計年度に係る対象会計年度別再計算課税額から法第82条の2第2項第3号ニに掲げる金額（当該対象会計年度別再計算課税額に相当する金額に対して課される部分に限る。）を控除した残額

(2) 当該構成会社等の(1)の過去対象会計年度に係る再計算個別計算所得金額（第155条の40第2項第1号イ《構成会社等に係る再計算国別国際最低課税額》に規定する再計算個別計算所得金額をいう。(3)において同じ。）

(3) 当該所在地国を所在地国とする全ての構成会社等の(1)の過去対象会計年度に係る再計算個別計算所得金額の合計額

ロ　当該構成会社等（各種投資会社等に限る。）の各対象株主等に係る株主等別

130

未分配額から法第82条の２第２項第３号ニに掲げる金額（当該株主等別未分配額に相当する金額に対して課される部分に限る。）を控除した残額の合計額

ハ　当該対象会計年度の当該構成会社等の所在地国に係る⑴に掲げる金額に⑵に掲げる金額が⑶に掲げる金額のうちに占める割合を乗じて計算した金額

　⑴　法第82条の２第２項第３号ハに掲げる金額から同号ニに掲げる金額（同号ハに掲げる金額に相当する金額に対して課される部分に限る。）を控除した残額

　⑵　当該構成会社等の当該対象会計年度に係る調整後対象租税額が当該対象会計年度に係る特定調整後対象租税額（各対象会計年度に係る個別計算所得等の金額に基準税率を乗じて計算した金額をいう。⑶及び第九号において同じ。）を下回る部分の金額

　⑶　当該所在地国を所在地国とする全ての構成会社等（当該対象会計年度に係るその調整後対象租税額が零を下回り、かつ、当該調整後対象租税額が当該対象会計年度に係る特定調整後対象租税額を下回るものに限る。）の当該対象会計年度に係る調整後対象租税額が当該対象会計年度に係る特定調整後対象租税額を下回る部分の金額の合計額

四　法第82条の２第２項第４号に掲げる場合における同号の無国籍構成会社等　同号に定める金額

五　法第82条の２第２項第５号に掲げる場合における同号の無国籍構成会社等　同号に定める金額

六　法第82条の２第２項第６号に掲げる場合における同号の無国籍構成会社等　同号に定める金額

七～十二　（省　略）

2　（省　略）

（帰属割合の計算等）
第155条の37　（省　略）

2　法第82条の２第１項第１号イに規定する政令で定めるところにより計算した割合は、次の各号に掲げる会社等別国際最低課税額（同項に規定する会社等別国際最低課税額をいう。以下この条及び第155条の53《各種投資会社等に係る国際最低課税額の計算の特例》において同じ。）の区分に応じ当該各号に定める割合とする。

一　次号に掲げる会社等別国際最低課税額以外の会社等別国際最低課税額　次に掲げる場合の区分に応じそれぞれ次に定める割合

イ　ロに掲げる場合以外の場合　法第82条の２第１項第１号イに掲げる構成会社等の各対象会計年度に係る⑴に掲げる金額から⑵に掲げる金額を控除した残額が⑴に掲げる金額のうちに占める割合

　⑴　個別計算所得金額（個別計算所得金額がない場合には、当該構成会社等の当該対象会計年度に係る会社等別国際最低課税額を基準税率で除して計算した金額）

　⑵　法第82条の２第１項第１号イに規定する内国法人及び当該構成会社等のみを連結対象会社等（連結財務諸表（特定多国籍企業グループ等の最終親会社等の連結等財務諸表に係る会計処理の基準に従って企業集団の財産及び損益の状況を連結して記載した計算書類をいう。以下この条において同じ。）に

その財産及び損益の状況が連結して記載される会社等をいう。以下この条において同じ。）とみなした場合に作成される当該内国法人の当該対象会計年度に係る連結財務諸表として財務省令で定める計算書類において非支配株主帰属額（第155条の16第1項第1号《当期純損益金額》に規定する税引後当期純損益金額のうち連結対象会社等以外の者に帰せられる金額として財務省令で定める金額をいう。以下この条において同じ。）として記載される金額

 ロ 法第82条の2第1項第1号イに規定する内国法人が最終親会社等に該当する場合で、かつ、同号イに掲げる構成会社等が各種投資会社等に該当する場合 100分の100

二 会社等別国際最低課税額（前条第1項第1号ロ、第2号ロ及び第3号ロ並びに法第82条の2第2項第4号ハ、第5号ロ及び第6号ロに掲げる金額に係る部分に限る。以下この号において同じ。） 次に掲げる会社等別国際最低課税額の区分に応じそれぞれ次に定める割合

 イ 法第82条の2第1項第1号イに規定する内国法人が同号イに掲げる構成会社等に対する持分を当該構成会社等に係る対象株主等（第155条の42第1項《構成会社等に係る未分配所得国際最低課税額》（第155条の45《無国籍構成会社等に係る未分配所得国際最低課税額》において準用する場合を含む。イにおいて同じ。）に規定する対象株主等をいう。イ及びロにおいて同じ。）を通じて間接に有する場合における当該構成会社等の会社等別国際最低課税額（当該対象株主等に係る株主等別未分配額（第155条の42第1項に規定する株主等別未分配額をいう。(1)及びロにおいて同じ。）に係る部分に限る。） 当該構成会社等の各対象会計年度に係る(1)に掲げる金額から(2)に掲げる金額を控除した残額が(1)に掲げる金額のうちに占める割合

 (1) 当該株主等別未分配額を基準税率で除して計算した金額

 (2) 当該内国法人及び当該構成会社等のみを連結対象会社等とみなし、かつ、当該構成会社等に対する持分のうち当該対象株主等を通じて間接に有する持分以外のものをないものとみなした場合に作成される当該内国法人の当該対象会計年度に係る連結財務諸表として財務省令で定める計算書類において非支配株主帰属額として記載される金額

 ロ 法第82条の2第1項第1号イに規定する内国法人が同号イに掲げる構成会社等に係る対象株主等に該当する場合における当該構成会社等の会社等別国際最低課税額（当該内国法人に係る株主等別未分配額に係る部分に限る。） 100分の100

3 法第82条の2第1項第1号ロに規定する政令で定めるところにより計算した金額は、同号ロの会社等別国際最低課税額に、次の各号に掲げる当該会社等別国際最低課税額の区分に応じ当該各号に定める割合を乗じて計算した金額とする。

一 次号に掲げる会社等別国際最低課税額以外の会社等別国際最低課税額 法第82条の2第1項第1号ロに掲げる構成会社等の各対象会計年度に係るイに掲げる金額からロに掲げる金額を控除した残額がイに掲げる金額のうちに占める割合

 イ 個別計算所得金額（個別計算所得金額がない場合には、当該構成会社等の当該対象会計年度に係る会社等別国際最低課税額を基準税率で除して計算した金額）

 ロ 法第82条の2第1項第1号ロの内国法人及び当該構成会社等のみを連結対象

会社等とみなし、かつ、当該内国法人が直接又は間接に有する当該構成会社等
に対する持分のうち同号ロの他の構成会社等を通じて間接に有する持分以外の
ものを連結対象会社等以外の者が有するものとみなした場合に作成される当該
内国法人の当該対象会計年度に係る連結財務諸表として財務省令で定める計算
書類において非支配株主帰属額として記載される金額
　二　（省　略）
4〜12　（省　略）

（国別グループ純所得の金額から控除する金額）
第155条の38　法第82条の2第2項第1号イ(2)（ⅰ）《国際最低課税額》に規定する政
令で定める金額は、同号の所在地国を所在地国とする構成会社等（最終親会社等以
外の導管会社等を除く。以下この条において同じ。）の第1号に掲げる金額（次項
及び第3項の規定の適用がある場合には、その適用後の金額）の合計額とし、法第
82条の2第2項第1号イ(2)（ⅱ）に規定する政令で定める金額は、当該構成会社等
の第2号に掲げる金額（次項及び第3項の規定の適用がある場合には、その適用後
の金額）の合計額とする。
　一　当該所在地国において行う勤務その他の人的役務の提供に基因する当該構成会
　　社等の特定費用（俸給、給料、賃金、歳費、賞与又はこれらの性質を有する給与
　　その他の財務省令で定める費用をいう。次項において同じ。）の額（当期純損益
　　金額に係るもの及び有形資産（次号に規定する特定資産を除く。）の帳簿価額に
　　含まれるものに限るものとし、国際海運業（第155条の19第1項《国際海運業所
　　得》に規定する国際海運業をいう。同号において同じ。）及び付随的国際海運業（同
　　条第1項に規定する付随的国際海運業をいう。同号において同じ。）に係るもの
　　として財務省令で定める金額を除く。次項において同じ。）
　二　当該所在地国にある当該構成会社等が有する特定資産（有形固定資産その他の
　　財務省令で定める資産をいう。以下この号及び次項において同じ。）の額（当該
　　特定資産の帳簿価額の平均額として財務省令で定めるところにより計算した金額
　　をいい、国際海運業及び付随的国際海運業に係るものとして財務省令で定める金
　　額を除く。同項において同じ。）
2〜3　（省　略）

（構成会社等に係る国別実効税率の計算）
第155条の39　法第82条の2第2項第1号イ(3)《国際最低課税額》に規定する政令で
定める金額は、同号イ(3)の過去対象会計年度の次の各号に掲げる区分に応じ当該各
号に定める金額の合計額（同項第1号イ(3)の規定により同号イ(3)の対象会計年度前
に開始した対象会計年度において国別調整後対象租税額（同号イ(3)（ⅰ）に規定す
る国別調整後対象租税額をいう。第1号において同じ。）から控除されたものを除
く。）とする。
　一　国別グループ純所得の金額（法第82条の2第2項第1号イ(1)に規定する国別グ
　　ループ純所得の金額をいう。次号において同じ。）がある過去対象会計年度　当
　　該過去対象会計年度に係る国別調整後対象租税額が零を下回る部分の金額
　二　国別グループ純所得の金額がない過去対象会計年度（当該過去対象会計年度に
　　係る法第82条の2第2項第3号に定める金額の計算につき同条第9項の規定の適

用を受けたものに限る。） 同項の規定を適用しないで計算した場合の当該過去対象会計年度に係る同号ハに掲げる金額

（構成会社等に係る再計算国別国際最低課税額）
第155条の40　法第82条の2第2項第1号ロ《国際最低課税額》に規定する政令で定める金額（以下この項において「再計算国別国際最低課税額」という。）は、過去対象会計年度に係る次に掲げる金額がある場合において、当該過去対象会計年度に係る再計算当期国別国際最低課税額から当該過去対象会計年度に係る同号イに規定する当期国別国際最低課税額を控除した残額（同号ロの対象会計年度開始の日前に開始した各対象会計年度において既に当該過去対象会計年度に係る再計算国別国際最低課税額とされた金額（以下この項において「調整済額」という。）がある場合には、当該残額から当該調整済額を控除した残額）とする。

一　当該過去対象会計年度に係る納付すべき対象租税の額（調整後対象租税額に含まれていたものに限る。）が当該過去対象会計年度後の対象会計年度において減少した場合におけるその減少した金額

二　当該過去対象会計年度に係る第155条の35第2項第1号《調整後対象租税額の計算》に掲げる金額のうち当該過去対象会計年度終了の日の翌日から3年を経過する日までに納付されなかった金額が100万ユーロを財務省令で定めるところにより本邦通貨表示の金額に換算した金額を超える場合における当該納付されなかつた金額

三　当該過去対象会計年度に計上された法人税等調整額（第155条の35第1項第2号に規定する法人税等調整額をいう。次号において同じ。）のうちその計上された金額が過大であったものとして財務省令で定める金額

四　当該過去対象会計年度に計上された法人税等調整額のうちその計上された金額が過少であったものとして財務省令で定める金額

2　前項に規定する再計算当期国別国際最低課税額とは、過去対象会計年度（当該過去対象会計年度に係る特定多国籍企業グループ等に属する構成会社等（無国籍構成会社等を除く。以下この項において同じ。）の所在地国における第3号に規定する再計算国別実効税率が基準税率を下回り、かつ、当該過去対象会計年度において当該所在地国に係る当該特定多国籍企業グループ等の第一号に掲げる金額がある場合における当該過去対象会計年度に限る。）に係る同号に掲げる金額から第2号に掲げる金額を控除した残額に第3号に掲げる割合を乗じて計算した金額をいう。

一　再計算国別グループ純所得の金額（イに掲げる金額からロに掲げる金額を控除した残額をいう。第3号において同じ。）

イ　当該所在地国を所在地国とする全ての構成会社等の当該過去対象会計年度に係る再計算個別計算所得金額（再計算個別計算所得等の金額（構成会社等の各対象会計年度において、過去対象会計年度に係る当期純損益金額が過大又は過少であることが判明した場合に、その訂正をした又はその訂正をしたならば算出されることとなる当期純損益金額に基づいた個別計算所得等の金額をいう。ロ(1)及び(2)において同じ。）が零を超える場合におけるその超える部分の金額をいう。）の合計額

ロ　当該所在地国を所在地国とする全ての構成会社等の当該過去対象会計年度に係る再計算個別計算損失金額（次に掲げる場合の区分に応じそれぞれ次に定め

る額をいう。）の合計額
(1) 再計算個別計算所得等の金額が零である場合　零
(2) 再計算個別計算所得等の金額が零を下回る場合　その下回る部分の金額
二　当該過去対象会計年度に係る法第82条の2第2項第1号イ(2)に掲げる金額
三　基準税率から再計算国別実効税率（当該過去対象会計年度に係る当該所在地国におけるイに掲げる金額（当該過去対象会計年度に係るイに掲げる金額が零を超え、かつ、当該過去対象会計年度において当該所在地国に係る再計算国別グループ純所得の金額がある場合において、当該過去対象会計年度開始の日前に開始した各対象会計年度のうちに当該所在地国に係るイに掲げる金額が零を下回るものがあるときは、当該対象会計年度に係るイに掲げる金額が零を下回る部分の金額のうち当該過去対象会計年度に繰り越される部分として財務省令で定める金額を控除した残額とし、当該過去対象会計年度に係るイに掲げる金額が零を下回る場合には零とする。）がロに掲げる金額のうちに占める割合をいう。）を控除した割合
イ　再計算国別調整後対象租税額（当該所在地国を所在地国とする全ての構成会社等の当該過去対象会計年度に係る再計算調整後対象租税額（構成会社等の過去対象会計年度に係る調整後対象租税額に前項第四号に掲げる金額を加算した金額から同項第1号から第3号までに掲げる金額を減算した金額をいう。）の合計額をいう。）
ロ　再計算国別グループ純所得の金額

（構成会社等に係る未分配所得国際最低課税額）

第155条の42　法第82条の2第2項第1号ハ《国際最低課税額》に規定する政令で定める金額は、対象各種投資会社等（第155条の31第1項《各種投資会社等に係る個別計算所得等の金額の計算の特例》に規定する対象各種投資会社等をいう。以下この項及び次項において同じ。）の各対象会計年度に係る各対象株主等（次の各号に掲げる構成会社等をいう。以下この項及び次項において同じ。）に係る株主等別未分配額（当該各号に掲げる対象株主等の区分に応じ当該各号に定める金額をいう。）の合計額とする。
一　第155条の31第1項に規定する適用株主等である構成会社等のうち当該対象会計年度の三対象会計年度前の過去対象会計年度において同項（第1号に係る部分に限る。）の規定の適用を受けたもの　当該対象会計年度終了の時における当該対象各種投資会社等の当該過去対象会計年度に係る未分配所得額に当該適用株主等の当該対象会計年度に係る適用割合を乗じて計算した金額に基準税率を乗じて計算した金額
二　第155条の31第3項の規定により当該対象会計年度（以下この号及び次項第1号において「不適用対象会計年度」という。）以後の各対象会計年度において同条第一項の規定が適用されない構成会社等　当該不適用対象会計年度の前対象会計年度終了の時における当該対象各種投資会社等の当該不適用対象会計年度の直前の三対象会計年度に係る未分配所得額の合計額に当該構成会社等の当該不適用対象会計年度に係る適用割合を乗じて計算した金額に基準税率を乗じて計算した金額

2〜3　（省　略）

（適用免除基準）

第155条の54 法第82条の２第６項第１号《国際最低課税額》に規定する政令で定めるところにより計算した金額は、次に掲げる金額の合計額を適用対象会計年度（同項の規定の適用を受けようとする対象会計年度をいう。以下この条において同じ。）及び直前二対象会計年度（当該適用対象会計年度の直前の二対象会計年度をいう。以下この条において同じ。）の数で除して計算した金額とする。

一　特定多国籍企業グループ等に属する構成会社等（各種投資会社等を除く。）の所在地国を所在地国とする全ての構成会社等（各種投資会社等を除く。）の当該適用対象会計年度に係る収入金額（当該収入金額につき利益の配当の額その他に関する調整を加えた金額として財務省令で定めるところにより計算した金額（その期間が１年でない対象会計年度にあっては、当該金額を当該対象会計年度の月数で除し、これに12を乗じて計算した金額）に限る。次号において同じ。）の合計額

二　前号に規定する全ての構成会社等の当該直前二対象会計年度に係る収入金額の合計額

2 法第82条の２第６項第２号に規定する政令で定めるところにより計算した金額は、適用対象会計年度に係る所在地国所得等の金額（第１号に掲げる金額から第２号に掲げる金額を減算した金額（その期間が１年でない対象会計年度にあっては、当該金額を当該対象会計年度の月数で除し、これに12を乗じて計算した金額）をいう。以下この項において同じ。）と直前二対象会計年度に係る所在地国所得等の金額の合計額を当該適用対象会計年度及び当該直前二対象会計年度の数で除して計算した金額とする。

一　特定多国籍企業グループ等に属する構成会社等（各種投資会社等を除く。）の所在地国を所在地国とする全ての構成会社等（各種投資会社等を除く。）の各対象会計年度に係る個別計算所得金額の合計額

二　前号に規定する全ての構成会社等の各対象会計年度に係る個別計算損失金額の合計額

3〜4　（省　略）

（特定多国籍企業グループ等報告事項等の提供）

第212条　（省　略）

2　（省　略）

3　法第150条の３第３項に規定する政令で定める場合は、次に掲げる場合のいずれにも該当する場合とする。

一　法第150条の３第３項の各対象会計年度終了の日の翌日から１年３月以内に、特定多国籍企業グループ等（法第82条第４号《定義》に規定する特定多国籍企業グループ等をいう。以下この条において同じ。）の最終親会社等（同項に規定する最終親会社等をいう。次号において同じ。）の所在地国（法第82条第７号に規定する所在地国をいう。次号において同じ。）の租税に関する法令を執行する当局に当該特定多国籍企業グループ等の当該各対象会計年度に係る特定多国籍企業グループ等報告事項等（法第150条の３第１項に規定する特定多国籍企業グループ等報告事項等をいう。同号において同じ。）に相当する事項の提供がある場合

二　財務大臣と特定多国籍企業グループ等の最終親会社等の所在地国の権限ある当

　　局との間の適格当局間合意（特定多国籍企業グループ等報告事項等又はこれに相当する情報を相互に提供するための財務大臣と我が国以外の国又は地域の権限ある当局との間の特定多国籍企業グループ等報告事項等又はこれに相当する情報の提供時期、提供方法その他の細目に関する合意をいい、法第150条の3第3項の各対象会計年度終了の日の翌日から1年3月を経過する日において現に効力を有するものに限る。）がある場合

4　特定多国籍企業グループ等に属する構成会社等（法第82条第13号に規定する構成会社等をいう。）である内国法人が法第150条の3第6項の規定の適用を受ける対象会計年度における当該特定多国籍企業グループ等に係る前項の規定の適用については、同項各号中「1年3月」とあるのは、「1年6月」とする。

○　法人税法施行規則（抜すい）

（本邦通貨表示の金額への換算）

第38条の3　法第82条第4号《定義》及び第82条の2第6項各号《国際最低課税額》（同条第10項において準用する場合を含む。）並びに令第155条の6第3項第2号及び第3号《特定多国籍企業グループ等の範囲》、第155条の18第2項第8号《個別計算所得等の金額の計算》（同条第4項において準用する場合を含む。）、第155条の35第4項各号《調整後対象租税額の計算》、第155条の40第1項第2号《構成会社等に係る再計算国別国際最低課税額》（令第155条の48第1項《共同支配会社等に係る再計算国別国際最低課税額》において準用する場合を含む。）並びに第155条の44第1項第2号《無国籍構成会社等に係る再計算国際最低課税額》（令第155条の51第1項《無国籍共同支配会社等に係る再計算国際最低課税額》において準用する場合を含む。）に規定する財務省令で定めるところにより本邦通貨表示の金額に換算した金額は、これらの規定に規定する7億5,000万ユーロ、1,000万ユーロ、100万ユーロ又は5万ユーロをそれぞれこれらの規定の適用に係る対象会計年度（法第82条第4号にあっては同号の直前の四対象会計年度とし、令第155条の6第3項第3号にあっては同号の各対象会計年度とする。以下この条において同じ。）開始の日（当該対象会計年度が参照日（各対象会計年度開始の日を決定するための基準となる日をいう。）から最も近い特定の曜日から開始することとされる場合にあっては、当該参照日）の属する年の前年12月における欧州中央銀行によって公表された外国為替の売買相場の平均値により、本邦通貨表示の金額に換算した金額とする。

（特定財務会計基準の範囲）

第38条の4　法第82条第1号イ《定義》に規定する国際的に共通した会計処理の基準として財務省令で定めるものは、国際会計基準（連結財務諸表の用語、様式及び作成方法に関する規則（昭和51年大蔵省令第28号）第93条《指定国際会計基準に係る特例》に規定する国際会計基準をいう。次項において同じ。）とする。

2　法第82条第1号イに規定する国際的に共通した会計処理の基準として財務省令で定めるものに準ずるものとして財務省令で定めるものは、我が国又は次に掲げる国若しくは地域において一般に公正妥当と認められる会計処理の基準（国際会計基準を除く。）とする。

　一　アメリカ合衆国

二～十四　（省　略）
十五　欧州連合の加盟国
十六　欧州経済領域の加盟国（前号に掲げる国を除く。）

（企業グループ等の範囲）

第38条の５　令第155条の４第１項第２号《企業グループ等の範囲》（同条第２項において準用する場合を含む。）に規定する財務省令で定める理由は、次に掲げる理由とする。

一　会社等の資産、売上高（役務収益を含む。）、損益、利益剰余金、キャッシュ・フローその他の項目からみて、連結の範囲から除いても企業集団の財政状態、経営成績及びキャッシュ・フローの状況に関する合理的な判断を妨げない程度に重要性の乏しいこと。

二　会社等の持分が譲渡することを目的として保有されていること。

（特定多国籍企業グループ等の範囲）

第38条の６　法第82条第４号《定義》に規定する財務省令で定める金額は、多国籍企業グループ等に係る最終親会社等の連結等財務諸表における売上金額、収入金額その他の収益の額の合計額とする。

2～7　（省　略）

（国際最低課税額確定申告書の記載事項）

第38条の45　法第82条の６第１項第３号《国際最低課税額に係る確定申告》に規定する財務省令で定める事項は、次に掲げる事項とする。

一　特定多国籍企業グループ等に属する構成会社等である内国法人の名称、納税地及び法人番号並びにその納税地と本店又は主たる事務所の所在地とが異なる場合には、その本店又は主たる事務所の所在地

二　代表者の氏名

三　当該対象会計年度の開始及び終了の日

四　その他参考となるべき事項

（国際最低課税額確定申告書の添付書類）

第38条の46　法第82条の６第３項《国際最低課税額に係る確定申告》に規定する財務省令で定める書類は、次の各号に掲げるもの（当該各号に掲げるものが電磁的記録（電子的方式、磁気的方式その他人の知覚によっては認識することができない方式で作られる記録であって、電子計算機による情報処理の用に供されるものをいう。以下この条において同じ。）で作成され、又は当該各号に掲げるものの作成に代えて当該各号に掲げるものに記載すべき情報を記録した電磁的記録の作成がされている場合には、これらの電磁的記録に記録された情報の内容を記載した書類）とする。

一　当該対象会計年度の内国法人の属する特定多国籍企業グループ等の最終親会社等に係る連結等財務諸表

二　当該対象会計年度の前号の特定多国籍企業グループ等に係る共同支配親会社等の連結等財務諸表

三　当該対象会計年度前の対象会計年度に係る前二号の連結等財務諸表に表示すべ

　き事項の修正の内容

　四　第1号及び第2号に掲げるものに係る勘定科目内訳明細書

　五　その他参考となるべき事項を記載した書類

（特定多国籍企業グループ等報告事項等の提供）

第68条　（省　略）

2〜3　（省　略）

4　法第150条の3第1項の規定による特定多国籍企業グループ等報告事項等の提供は、英語により行うものとする。

5〜6　（省　略）

7　法第150条の3第2項に規定する財務省令で定める事項は、同項の特定多国籍企業グループ等報告事項等を代表して提供する法人及び同項の規定の適用があるとしたならば特定多国籍企業グループ等報告事項等の提供を要しないこととされる法人の名称、納税地及び法人番号並びに代表者の氏名（法人番号を有しない法人にあっては、名称及び納税地並びに代表者の氏名）とする。

8　法第150条の3第4項に規定する財務省令で定める事項は、特定多国籍企業グループ等（法第82条第4号《定義》に規定する特定多国籍企業グループ等をいう。）の最終親会社等（法第150条の3第3項に規定する最終親会社等をいう。以下この項において同じ。）の名称、所在地国（法第82条第7号に規定する所在地国をいう。以下この項において同じ。）、本店若しくは主たる事務所の所在地又はその事業が管理され、かつ、支配されている場所の所在地（以下この項において「本店等の所在地」という。）及び法人番号並びに代表者の氏名（法人番号を有しない最終親会社等にあっては、名称、所在地国及び本店等の所在地並びに代表者の氏名）とする。

9　（省　略）

おわりに

　本書を最後まで読んでいただきありがとうございました。

　我が国に導入された「所得合算ルール」（本制度）について、本書執筆の目的どおりザックリとご理解いただけたでしょうか？

　冒頭に申し上げました自社への影響の有無を判断していただけたとすれば、本当にうれしいことです。

　また、このような書籍の執筆という機会があれば、どうぞよろしくお願いします。

　最後に、これまでお付き合いがあまりなかったにも関わらず、快く本書を執筆する機会を与えてくださった清文社の小泉社長と井元部長、そしてお世話になった編集部の皆様、本当にありがとうございました。

　さらに、カバーイラストを担当していただいた東 美結さん、そして執筆に集中できる事務所の環境を提供くださったサービスオフィスW天満橋のスタッフの皆さん、どうもありがとうございました。

令和6年3月　東辻　淳次

著　者	税理士　東辻淳次
略　歴	国税庁審理室課長補佐、草津税務署副署長、東京国税局課税第一部国税訟務官、旭税務署長、大阪国税局調査第二部統括国税調査官、須磨税務署長、大阪国税局調査第二部調査総括課長、同局課税第二部次長、同部部長などを経て令和5年7月に退官、同年9月に大阪市中央区大手前にあるOMMビルにて税理士事務所を開設し、現在に至る。

ザックリ分かる　グローバル・ミニマム課税
各対象会計年度の国際最低課税額に対する法人税

2024年 5 月20日　発行

著　者　　東辻 淳次 ©

発行者　　小泉 定裕

発行所　　株式会社 清文社
　　　　　　　　　　　東京都文京区小石川 1 丁目 3 -25（小石川大国ビル）
　　　　　　　　　　　〒112-0002　電話03（4332）1375　FAX03（4332）1376
　　　　　　　　　　　大阪市北区天神橋 2 丁目北 2 - 6（大和南森町ビル）
　　　　　　　　　　　〒530-0041　電話06（6135）4050　FAX06（6135）4059
　　　　　　　　　　　URL https://www.skattsei.co.jp/

印刷：大村印刷㈱

ISBN978-4-433-71504-5